INTUIÇÃO

A TERCEIRA MENTE

INTUIÇÃO

A TERCEIRA MENTE

Ferramenta poderosa para sua vida pessoal e profissional

M.BOOKS

M.Books do Brasil Editora Ltda.

Rua Jorge Americano, 61 - Alto da Lapa
05083-130 - São Paulo - SP - Telefones: (11) 3645-0409/(11) 3645-0410
Fax: (11) 3832-0335 - e-mail: vendas@mbooks.com.br
www.mbooks.com.br

Dados de Catalogação na Publicação

Bivar, Luciano.
Intuição, a terceira mente / Luciano Bivar.
São Paulo – 2016 – M.Books do Brasil Editora Ltda.

1. Psicologia 2. Autodesenvolvimento 3. Interesse geral

ISBN: 978-85-7680-273-0

Editor: Milton Mira de Assumpção Filho

Produção Editorial: Carolina Evangelista

Capa: Zuleika Iamashita

Editoração: Crontec

2016
M.Books do Brasil Editora Ltda.

SUMÁRIO

NOTA DO AUTOR

Este livro nasce de uma busca incessante de todos nós pelo "porquê" de nossas emoções, de nosso estado de espírito. Qual a razão, sem motivo aparente, de estarmos tristes, melancólicos ou felizes? Que fluidos correm pelo nosso cérebro para ter esse ou aquele comportamento? A maneira que podemos administrar nossa cabeça para que tudo seja mais "colorido" é, na verdade, o grande mistério de nossa espiritualidade.

Viver por viver nos parece tão banal como a vida dos irracionais. No entanto, quando nos desalienamos e entramos no mundo dos envolvimentos, atraímos sentimentos muitas vezes extremamente dolorosos ou prazerosos. Há quem diga que essa é a grande magia da vida.

Não como psicoterapeuta, que não sou, mas como bacharel em Ciência do Direito e estudioso de Filosofia, é que procuro a razão do estar feliz. E o que mais me salta aos olhos, até agora, é a nossa *intuição,* algo que filosoficamente procurarei dissecar, para que possamos entender o motivo de nossas angústias, ansiedades, tristezas e felicidades.

A Filosofia nos ensina que a intuição é o ponto de partida do conhecimento, a possibilidade da invenção, da descoberta, das grandes conquistas do saber humano. É um pensamento puro e real, porque feito sem intermediários, um pensamento presente no espírito. Enquanto o racional é discursivo e se faz por meio da palavra, a intuição é inefável, inexprimível. No entanto, ela é real e dói na carne como uma martelada, para machucar ou para curar. O insofismável é que ela existe.

É dentro dessa assertiva que devemos entender e observar os ditames de nossa intuição, **posto que ela se reveste como nossa terceira mente.**

PREFÁCIO

PENSO (E INTUO), LOGO EXISTO

Longe de mim, profanar René Descartes. O uso do famoso enunciado, traduzido do francês para o latim (*Cogito, ergo sum*), que conclui a obra seminal *Discurso sobre o método* é um estímulo à reflexão, estímulo que permeia o livro.

Dotado de mente prodigiosa que abarcava Metafísica, Ciência, Matemática, Filosofia, Descartes foi um gênio. Revolucionou certezas estabelecidas, fez nascer dúvidas criativas e construiu novos paradigmas para teoria do conhecimento a partir da dúvida metódica, do sistema de coordenadas cartesianas e deu vida a um argumento ontológico à existência de Deus. É considerado o fundador da Filosofia moderna.

Porém, como todo gênio pagou e paga um preço alto pelo terremoto epistemológico que causou.

A propósito, o renomado e respeitado neurologista António Rosa Damásio é autor do livro *O erro de Descartes,* no qual identifica como erro fundamental o dualismo cartesiano que consistiria na radical separação entre corpo e alma, matéria e espírito.

De fato, Descartes identifica na atividade de pensar a *res cogitans* (**a mente**) e a *res extensa* (**o corpo**). Todavia, Descartes não parte do princípio dualista; ele encontra o dualismo e, não satisfeito com realidades estanques no exercício do pensar, pioneiramente, identifica na "glândula pineal" (hipófise), o ponto de encontro**,** *de intersecção* entre o corpo e a alma, ou seja, a interação entre a percepção do mundo exterior, quantidades evidentes para a razão e a percepção das qualidades como obra dos sentidos. A pineal seria, assim, um "terceiro olho" ou um órgão com funções transcendentais.

Ora, a largueza do ser pensante, na visão de Descartes, jamais seria objeto de tamanho reducionismo. Seu enunciado busca uma resposta para uma questão Metafísica; interroga-se pelo SER pensante e, por isso, existente porque pensa. Aliás, o dualismo não perquire de onde vem ou provém a mente, ao mesmo tempo em que abre a perspectiva que valoriza o espaço das emoções no conhecimento humano.

De outra parte, não procede a alegação do erro mecanicista. Mais um reducionismo imputado a Descartes a partir da observação de que o organismo e os processos vitais se assemelham ao funcionamento do relógio. Simplesmente, a hipótese do mecanicismo é indissociável da hipótese de causalidade, elemento constitutivo da concepção científica encontrada antes de Descartes em Johannes Kepler, Nicoleu Copérnico, Galileu Galilei. Negar a causalidade é negar a Ciência.

Mais uma constatação: Descartes e os grandes pensadores sofrem uma sina em comum – a banalização ou interpretação equivocada de suas afirmações a tal ponto que Marx, diante da resistência dos marxistas franceses, aferrados ao materialismo dialético, tangenciarem o estudo da história, proclamou em 1879: "Tudo que sei é que não sou marxista"; o brilhante Keynes diante da má utilização dos seus conceitos macroeconômicos, não fez por menos: "Meu nome é Keynes, mas não sou keynesiano"; por minha conta e risco, ouso afirmar que Maquiavel não é "maquiavélico"; e diante do uso e do abuso da expressão "fulano é cartesiano", Descartes não titubearia em afirmar "Não sou cartesiano".

Esta breve introdução ao prefácio da obra de Luciano Bivar, *Intuição – a terceira mente,* revela, de um lado, o grau de complexidade do tema e, de outra parte, ratifica minha percepção segundo a qual escrever é um ato de coragem porque revela conceitos e visões que jazem nas profundezas do pensamento do autor e mais: coragem redobrada ao enfrentar um tema polêmico desde sempre.

No entanto, o autor não hesita em se autodefinir como um "homem de profunda fé"; dotado de irremovível espiritualidade e seguidor da cosmovisão criacionista. Neste sentido, ao tempo em que valoriza a mente racional, abraça a mente emocional e busca, em diversificada bibliografia e no uso de experiências pessoais, a presença da terceira mente da qual emana a intuição.

Estruturado em 29 capítulos e uma conclusão, o livro de Bivar submete a intuição aos testes que dizem respeito à sua origem, força e influência nos processos decisórios do ser humano, desde os mais prosaicos aos mais complexos.

Seu ponto de partida é a angústia ancestral do homem, o único dos animais que tem consciência da finitude e medo do desconhecido, em busca de respostas para os porquês da existência.

Neste sentido, abrem-se dois caminhos para encontrar a doutrina da salvação: a religião oferece o caminho da fé e a certeza da imortalidade; a Filosofia oferece o caminho da razão, o espírito crítico que arrasta o filósofo para o caminho da dúvida, não necessariamente, a trilha do ceticismo, mas a dúvida fundante que, a exemplo de Descartes, antes de confirmar a existência física do mundo, alcançava a lei da causalidade final que é Deus.

Como se não bastassem tantas e tamanhas interrogações diante de nós, outro gênio, Shakespeare, põe na boca do atormentado Hamlet, depois de falar com o fantasma do pai, a sentença: "Há mais coisa entre o céu e a terra do que sonha a nossa vã Filosofia".

Com efeito, a narrativa do autor é uma persistente confirmação da existência da intuição e que "ela se reveste como nossa terceira mente". Nem por isto, livra-se do espanto para decifrar seus sinais, pois, para tanto *"é preciso ter a paciência de um monge e a meditação de um guru"*.

Do espanto, abrem-se as portas das perguntas. Sem espanto, não se viaja no mundo do conhecimento. O percurso do autor é longo e eclético: vai dos filósofos clássicos aos neurocientistas contemporâneos; escuta a efervescência do sangue e repousa na quietude da reflexão solitária; vê sinais e capta sonhos; desvela o obscuro e acende a luz da criação; desafia o mal e se depara com o bem.

Pois bem, neste percurso, o autor pressente, sente e respeita o que lhe chegou como intuição a apontar caminhos. E não a percebe senão como uma "luz natural", que ilumina as zonas cinzentas da mente racional e da mente emocional. Sua clarividência está em não confundir a intuição com a premonição (atributo dos clarividentes). A clareza da sua percepção reside em não confundir a intuição (etimologicamente, "olhar para dentro") com a inteligência (etimologicamente, "ler dentro"). A sensatez de sua conduta está no equilíbrio da razão (o mundo objetivo) com a sensibilidade (o mundo subjetivo). Seu alívio diante da perplexidade está no encontro da razão com a intuição. O ponto de chegada da intuição é "saber sem saber".

A esta altura, a intuição me orienta: meu papel não é fazer uma resenha do livro; é, apenas, prefaciá-lo, ou seja, servir ao leitor um aperitivo para o "banquete literário" que é o livro em sua inteireza.

No entanto, não gostaria de concluir sem um breve comentário sobre o Capítulo 9 "As mulheres e o sexto sentido". Deixando de lado qualquer tipo de evidência científica ou argumento cultural, ele trata o sexto sentido como o desenvolvimento de uma faculdade especial por conta da opressão secular sofrida pelas mulheres, valho-me da licença literária da crônica de autoria de Luís Fernando Veríssimo, intitulada, *Mulheres:* "Certo dia parei para observar as mulheres e só pude concluir uma coisa: elas não são humanas. São espiãs. Espiãs de Deus, disfarçadas entre nós. Pare para refletir sobre o sexto sentido. Alguém duvida que ele exista? [...] O sexto-sentido não faz sentido! É a comunicação direta com Deus! Assim é muito fácil... As mulheres são mães! E preparam, literalmente, gente dentro de si. Será que Deus confiaria tamanha responsabilidade a um reles mortal?".

Finalmente, a intuição cochicha ao pé do meu ouvido: Luciano Bivar vai prosseguir estudando e escrevendo sobre tão fascinante tema.

E eu, reles mortal, depois de ler e reler o texto, termino me valendo do sertão intuitivo de Riobaldo, personagem de Guimarães Rosa, que, como diz Bergson, usa sua "consciência alargada" para nos ensinar: "Eu quase que nada sei. Mas desconfio de muita coisa".

Recife, texto concluído no domingo, 10 de maio de 2015, dia das mães.

GUSTAVO KRAUSE

CAPÍTULO 1

A INTUIÇÃO NÃO VEM DO NADA

Você não é um, mas dois: o você racional e o você emocional. A distinção entre os dois vocês pode até ser perceptível: um age com frieza e cálculo; o outro manifesta-se por sentimentos, mediante percepções abstraídas do mundo real e objetivo, que ele processa e sente no seu interior.

Esses dois vocês, em alguma parte do tempo, operam em estreita harmonia, entrelaçando seus modos de conhecimento, para que nos orientemos na vida. Em geral, há um equilíbrio entre as mentes emocional e racional, com a emoção alimentando e informando as operações da mente racional, e a mente racional refinando e, às vezes, vetando a entrada das emoções consubstanciadas no seu intuitivo. Embora sejam faculdades distintas, os circuitos neurológicos estão sempre interligados no cérebro.

Ao longo dos nossos estudos e pesquisas, constatamos que essas mentes se coordenam de forma pacífica e delicada, mas, quando surgem paixões, esse equilíbrio se desfaz: é a mente emocional que assume o comando e, como diz o humanista francês Blaise Pascal (1623-1662), os resultados são imprevisíveis. Aí é onde a intuição se manifesta. Ela assume uma posição arbitral, isenta de paixões, mesmo estando sua mente inundada de seduções.

A formatação desse novo agente, que interfere no emocional e no racional, traz à tona um novo grau de diferente convicção, com um sentido bem mais profundo, razão maior de nossa tese neste ensaio literário. Esse é um contraponto a todas as teses até hoje estudadas sobre o funcionamento do cérebro, dando conta da existência de duas mentes, formando duas áreas gêmeas – a mente analítica, que nos permite processar, avaliar e resolver problemas; e a mente intuitiva, que se confunde com a mente emocional. Assim, ouso dizer, respaldado em minhas vivências e diversas pesquisas empíricas e científicas, que a intuição é, sem dúvida, outra reação orgânica, completamente independente e, ao mesmo tempo, sensível às vibrações neurológicas das duas mentes humanas, a racional e a emocional.

A intuição nasce e se desenvolve como uma espécie de alarme neurobiológico, que considero como o santuário sagrado do "sexto sentido", cujo conteúdo inibe e limita qualquer tentativa de compreendê-lo, a não ser pela perfeição do Criador. A intuição jamais poderá ter efeitos perigosos sobre nosso julgamento, porque ela é blindada divinamente contra os vícios e as fraquezas do mundo plástico das coisas. A análise e interpretação de seus sinais é um dos nossos mais importantes e valiosos recursos para combater o mal. Porém, decifrá-los nem sempre é fácil. É preciso, com frequência, ter paciência de monge e meditação de guru.

CAPÍTULO 2

O INTUITIVO

Podemos entender o cérebro humano por meio do seguinte diagrama:

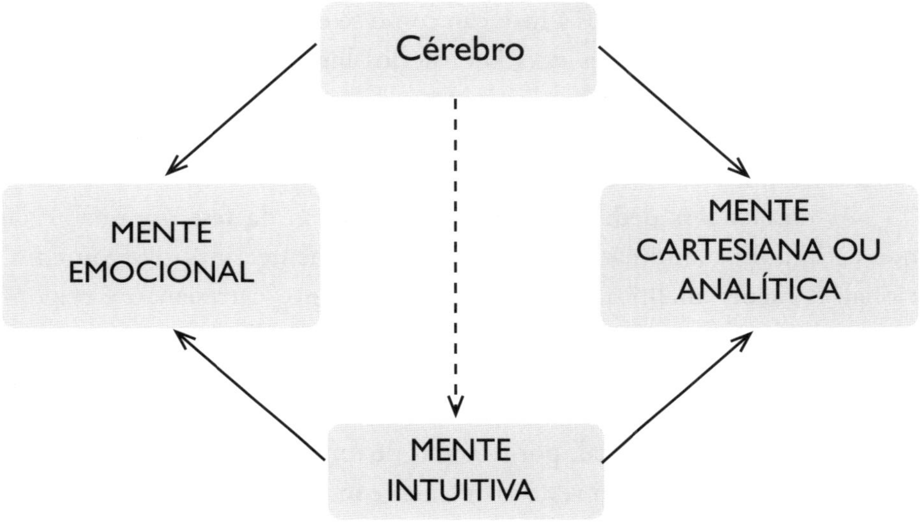

- **Mente cartesiana ou analítica:** o hemisfério esquerdo domina a linguagem, a palavra e os mecanismos automáticos do corpo humano.
- **Mente emocional:** localizada no hemisfério direito, é responsável pelas sensações espontâneas provocadas por eventos externos, dando origem ao riso, ao pranto ou à tristeza; cuida também do senso espacial, sem qualquer esforço racional.
- **Mente intuitiva:** é abstrata e não tem corpo físico, ao contrário das mentes cartesiana e emocional, localizadas em cada hemisfério do cérebro humano. Mas ela existe e é real: **detectar** as membranas, moléculas ou fibras neuronais, que produzem impulsos eletroquímicos para nosso alerta ou tomada de decisão. Ainda não foi descoberta pela Ciência.

Mesmo o cientista Olaf Sporns (1963), da Universidade de Indiana, um dos responsáveis pelo Projeto Conectoma Humano, não sabe ao certo onde esses impulsos estão localizados, algo difícil de descobrir uma vez que não há equipamentos que permitam aos cientistas observarem a sinapse de um único neurônio.

Neste livro, trataremos a intuição como se ela tivesse um espaço físico em nosso cérebro, onde os dois hemisférios lhe cedessem um lugar para abrigar informações pretéritas, presentes e da gene ancestral, considerando os conceitos da biologia evolutiva do homem, para que possamos intuir sobre o futuro.

As observações deduzidas neste livro diferem da tese dominante de que os impulsos automáticos são regidos pela mente "intuitiva" ou emocional. A mente analítica, esta sim, que denomino "cartesiana", é responsável por ações espontâneas que exercemos no dia a dia. Ela age como um computador: recebe um input e produz seu efeito. Como ir para o trabalho, a pé, dirigindo um carro ou de transporte coletivo, sem necessidade de fazer grande esforço mental, por se tratar de uma atividade repetitiva. Isso não é intuição, nada tem a ver com a "mente intuitiva" ou emocional – são apenas ações automáticas motivadas pela racionalidade.

Entendemos que o conceito da Psicologia moderna de duas mentes – "intuitiva" e "analítica" – em um só cérebro precisa ser revisto. Há algo mais no reino de Deus, porque as decisões intuitivas estão *além* dos inputs analíticos que a Ciência objetiva, só ainda não descobriu.

As intuições de que tratamos são brancas como a neve, puras como o sorriso de uma criança e verdadeiras como o fenômeno da vida. Elas não estão sujeitas à imperícia humana, manifestam-se a qualquer momento, alertando ou paralisando seu comportamento até convencer-se de que aquele é o melhor caminho. É como se você recebesse um endereço errado de um restaurante e sua mente analítica determinasse o roteiro, mas, passados alguns longos quilômetros sem encontrá-lo, seu intuitivo, aí sim, começaria a se questionar se aquela era a rota certa, se o nome do restaurante estava correto, e assim por diante.

Esse sentimento intuitivo nasce espontâneo e límpido para protegê--lo de maiores desgastes – nada tem a ver com a mente analítica ou com a mente emocional. É um sentimento estritamente independente e verdadeiro de que algo não está certo.

Filósofos clássicos, como o alemão Arthur Schopenhauer (1788-1860), afirmam que só depois de se conhecer o mundo empírico – advindo das percepções dos sentidos –, é que se pode formar conceitos abstratos. Aristóteles chegou à mesma conclusão: a intuição é a capacidade do organismo de, primeiramente, experimentar percepções e de sistematizar essas memórias.

O neurologista Martin Portner, mestre em Ciências pela Universidade de Oxford, revela que o processo de formação da intuição passa pelo acúmulo de informações captadas pelos cinco sentidos e alocadas no córtex cerebral, seguido da consulta desses dados pela memória e, finalmente, pela conexão de todos os conhecimentos com um "fluxo no corpo" (sensações internas não captadas pelos sentidos externos).

Apoiada nesses estudos, a comunidade científica, obviamente, não acredita em avisos vindos do além ou coisa do gênero. É preciso entender que o cérebro humano tenta ver o futuro todo o tempo. Em situações de conflitos e estresse, calculamos as probabilidades de algo ruim acontecer. Com base em conhecimentos e experiências armazenados na memória, temos projeções do que pode vir a se concretizar, e o responsável por esse sentimento é o córtex cingulado anterior, uma porção do cérebro que analisa todas as probabilidades e realiza previsões, segundo a teoria vigente dos neurocientistas.

Como nosso livro não tem o objetivo de dissecar e provar, cientificamente, a tese de que o cérebro humano é composto não somente de duas mentes, mas de três, incluindo a mente intuitiva, sendo esta ultima intangível e ainda não localizada pelos cientistas, vamos considerá-la "abstrata", e, como tal, chamá-la apenas de "intuitivo".

Nas próximas páginas, procurarei, com base em vários depoimentos, relatar algumas pesquisas e fatos que conduzem às assertivas de nossos estudos e pensamentos.

CAPÍTULO 3

O INTUITIVO TEM UM DOM DIVINO?

Superada a fase de impulsividade da juventude, comecei a valorizar os impulsos do córtex cerebral, não por conhecimento científico, mas pelo fato de inúmeros acontecimentos, sem registros objetivos, terem me colocado diante de decisões acertadas. Teria sido graças à premonição? A vozes do infinito? Nada disso, mas algo que a Ciência também busca explicar.

Quem incutiu em nós esse dom de escolher o melhor diante do livre-arbítrio? E essa é uma tese da existência de Deus, à luz natural da razão, não o bastante para me tornar um religioso, mas um homem de profunda fé.

Passei a vida ligado às minhas intuições. Não que elas nunca tenham me confundido, mas, muitas vezes, deixei-me enganar por objetivos diversos e sempre cheguei à conclusão de que a luz interior de alerta havia piscado na ocasião, e eu não lhe dera a atenção que merecia. Agi por impulso e o resultado foi desastroso. Conforto-me porque sou humano. Tenho livre-arbítrio, e ser feliz ou infeliz é a opção que o lado mágico da vida nos oferece. É o jogo ou o teatro do qual somos atores, no tabuleiro ou no picadeiro de uma existência, enquanto vida tivermos.

Certa vez, quando muito jovem, queria comprar um carro esportivo, fruto dos meus sonhos, quando apareceu um vendedor dizendo que tinha uma Berlinetta, que atendia a tudo o que eu imaginava. O carro era veloz como um alce, imponente como um leão e tinha um preço abaixo do de mercado. Não preciso dizer que foi o suficiente para me seduzir. O vendedor, no entanto, insistia que eu me decidisse imediatamente, pois havia outros interessados no carro. Algo me soava estranho. Por que tanta urgência em fechar o negócio?

No entanto, com a impulsividade de um jovem movido pelo desejo, quem sabe até pela vontade de exibir o belo carro ou pela ganância de um preço convidativo, não dei importância ao meu intuitivo e me deixei levar pela sedução. Descobri depois que o carro era fruto de uma clonagem criminosa. Minha sorte foi perder apenas o sinal que já havia pago, uma vez que o veículo pertencia a outro proprietário. A intuição me livrou parcialmente, mas não evitou uma perda.

Ninguém pode intuir por mim. É um processo pessoal e intransferível. O que senti no momento da transação somente eu poderia entender. Foi uma lição por não ter escutado meu sexto sentido. É assim que as coisas acontecem diariamente a todos nós, quando ignoramos nosso "eu inconsciente".

Os sinais existem e você deve deixá-los fluir sobre seu ser, como um anjo da guarda. Eles ocorrem na efervescência do seu estômago, quando percebemos que estamos prontos a cair em uma cilada armada para nos pegar. Isso já aconteceu comigo centenas de vezes. Numa ocasião particularmente memorável, depois de o nosso grupo ter adquirido o controle acionário de uma grande empresa, atendi à campainha de meu apartamento funcional e deparei-me com uma linda jovem, herdeira e presidente da antiga cessionária. Ela usava uma elegante roupa, tão reveladora quanto sua grife. Fiquei atônito com aquela inesperada visita, principalmente por se tratar de uma mulher tão presunçosa e orgulhosa de sua condição social. Para causar-lhe uma impressão positiva, concordei, de início, com vários argumentos apresentados por aquela bela executiva, que queria me cobrar 200 mil dólares que não haviam – por esquecimento ou não – composto o relatório de dívidas que deveríamos assumir quando da compra da sua empresa.

Toda aquela atenção da jovem, que se dera ao trabalho de se deslocar do Rio de Janeiro a São Paulo, e seu discurso elogioso, em todos os sentidos, fizeram meu estômago se contrair quando comecei a balbuciar minhas primeiras assertivas. Era um aviso claro ao meu cérebro: "Ei, estão querendo enganar você aqui!". Então, humildemente, agradeci os elogios, mas expliquei que eu não era o "dono da bola". Minha ardilosa modéstia a fez entender que eu não detinha o poder da última palavra para aquela decisão. Acreditar ou não era com ela.

Sem me importar com a impressão que ela levou de mim, seja de incapaz, seja de insensível ou tolo, ante a indiferença ao seu charme, a verdade é que minha empresa conseguiu poupar 200 mil dólares por eu não cair naquela conversa de vendedor, graças ao fato de não ter acreditado naquela história fantasiosa, alertado que fui por minha intuição.

Em outra ocasião, ainda jovem, caminhando com minha esposa pela Rue du Rhône, em Genebra, fui atraído por um lindo relógio exposto na vitrine de uma fina loja, com um preço extremamente convidativo. Entrei e pedi ao vendedor que me mostrasse a peça. Ao trazer-me o relógio, cujo preço já estava exposto no mostruário da vitrine, ele perguntou se a pulseira estaria do meu gosto ou se seria preciso tirar alguns anéis para adequá-la ao meu pulso. A bandeja de prata revestida de veludo escarlate, na qual fui examinar o relógio, já me deixou um pouco apreensivo, mas o pior foi quando o funcionário me perguntou a que horas eu estaria no hotel para entregar-me o relógio, devido ao ajustamento da pulseira, pois teria de fazê-lo diretamente a mim, por questões de segurança.

Foi quando meu feeling falou mais alto e eu perguntei se ele poderia me confirmar o preço do relógio, cujo valor, como pressenti, era muito superior ao apresentado na vitrine. Não tive dúvida: levei o vendedor até a vitrine e apontei o preço ali exibido, e ele me disse que aquele valor se referia a um par de abotoaduras que estava ao lado do relógio. Claro que tudo aquilo era ardilosamente armado para pegar os incautos, ou algum desavisado árabe de petrodólares. Catarina, minha mulher, insistiu que eu pagasse o valor correto, mas relutei contra meu ego exibicionista de recém-casado e desfiz o negócio, independentemente da cara feia do vendedor e do constrangimento de minha jovem mulher.

Minha indignação se tornou um contra-ataque perfeito para mim. Sempre que o cérebro diz que serei um otário se me mantiver coerente com um compromisso mal estabelecido, não me sinto culpado em recuar e me dou por satisfeito. Nesse caso, minha intuição venceu e um explorador perdeu.

Como se vê, às vezes não é fácil sentir-se adequadamente avisado contra as pressões de uma tomada de decisão, mas é muito mais difícil transformar esse aviso em ação. Parte do problema é que nossa reação típica ao desejo atrapalha nossa capacidade de pensar. À medida que essa corrente visceral avança, o lado cognitivo e racional recua. No impulso da excitação, é difícil ficar calmo e refletir sobre o assunto. Quando vemos algo que queremos, uma agitação física tem início, especialmente nos casos que envolvem competição. O sangue sobe, a concentração fica mais direcionada e as emoções aumentam. Você não pode se deixar levar pela obsessão e pela aceleração do momento. Jamais deixe de lado o racional intuitivo.

Por isso, em vez de deixar que a excitação obscureça o cérebro, talvez seja melhor usar o destempero do inimigo em nosso favor e simplesmente nos sintonizarmos com nosso ímpeto interno, visceral, para obter um aviso. Aí, tomaremos a decisão certa.

Mas é bom que fique claro: não existe "sexto sentido" sem que algo tenha acontecido antes. Você pode até não perceber – o que, aliás, é muito comum –, mesmo porque não somos muito de raciocinar quando imbuídos de paixão. A jornalista Lia Habib diz que somos preguiçosos mentais à beira de um colapso, sendo que o processo já não é tão simples. Concordo que não exista receita para atuar. No entanto, é necessário observar o mundo ao redor.

No mundo dos negócios, você toma decisões, reconhece talentos, contrata pessoas, aposta em novos produtos, conceitos e paradigmas e, necessariamente, todo esse processo passa por regras lógicas de mercado, estudos e pesquisas. Daí, então, você forma seu próprio conceito interior, não verbal ou racional, mas isso não afasta a necessidade do trabalho árduo e responsável, e a verificação científica do dia a dia. Sem trabalho direcionado e com inteligência, não há solução.

Tudo isso me faz lembrar a história de dois náufragos perdidos no meio do oceano, sendo um religioso e outro, leigo. O primeiro virou-se para o leigo e falou:

– Irmão, vamos nadar e orar. É a única coisa que nos resta fazer.

Ao que lhe respondeu o leigo:

– Está certo, santo padre, mas é preciso que nademos para o lado da praia.

O que quero dizer é que não basta a intuição – é preciso ir em frente. O trabalho árduo e contínuo de que falamos é, nada mais, nada menos, que a materialização do intuitivo. Não basta a análise intuitiva. É preciso trabalhar na direção certa.

O megaempresário Jorge Paulo Lemann, um dos líderes da maior indústria de cerveja do mundo, a AB InBev, entre outras lições, diz que, ao longo do tempo, aprendeu a confiar e a depender mais de estudos, projeções e opiniões sem jamais dispensar o feeling. Corremos riscos mais baseados em sentimentos do que em análises mais profundas. Eu diria que antes eram 80% feeling e 20% estudos. Hoje em dia, talvez sejam 50% e 50%. Aquilo que você sente na barriga vale tanto quanto o que está no papel.

Washington Olivetto, um dos mais bem-sucedidos publicitários brasileiros, depois de passar 53 dias em um cativeiro, vítima de um sequestro, só pensava em deixar o Brasil e viver mansa e pacificamente o resto de sua vida. Entretanto, tomou outra decisão. Disse ele: "Vi que o que me alimenta é meu trabalho e é no Brasil que eu o faço melhor. Continuo na W (*agora W/McCann*), fui pai de novo e vivo uma vida plena. Sou muito intuitivo. Costumo brincar que, em termos de intuição, sou uma locomotiva de mulheres. Na hora de decidir, levo em conta tanto interpretações racionais quanto percepções intuitivas. Se empatar, opto pelo que diz minha intuição".

O empresário japonês Akio Morita, da Sony, descreveu a intuição como um item essencial para a criatividade. Segundo ele, essa faculdade serve como critério para inovação tecnológica e para inovação de produtos. Howard Schultz, da Starbucks, e Sir Richard Branson, da Virgin, compartilham essa ideia e comprovam a importância da mente intuitiva tanto na concepção quanto no seu uso como ferramenta significativa para tomadas de decisão.

O político carioca Fernando Gabeira disse certa vez que, antes de sair do PT, que estava no governo, para tornar-se oposição, pensou: "Pesei bastante o que perderia e o que ganharia. Conclui que, naquele momento, para o desenvolvimento das minhas ideias, era melhor estar na oposição. Mas não foi uma decisão fácil. Nessas horas, o importante é obter o máximo de informação sobre uma situação antes de fazer a escolha".

Nem sempre isso é suficiente. Complemento com minha intuição para avaliar melhor. Não acho que razão e intuição sejam mecanismos separados, pois ninguém toma decisão contra a própria vontade. Muitas decisões são árduas como uma passagem pelo deserto. Mas, como um descendente de árabe, com um copo d'água atravesso um deserto inteiro.

A vida é sempre assim – cheia de bifurcações e encruzilhadas. Precisamos estar bem preparados para administrar os obstáculos que surgem e é importante discernir a impulsividade da emoção intuitiva.

Muitas vezes fui advertido por meus advogados e conselheiros a não agir tão firme, de modo a não parecer inconsequente, principalmente quando equívocos institucionais aconteceram em minha vida de negócios, mas meu sentimento de justiça falava mais alto do que as consequências que pudessem advir de algumas decisões intuitivas, mesmo porque a moral e a intuição se confundem e se interligam no âmago da alma. Essa interligação radical é muito perigosa em um mundo poluído de imperfeições. No entanto, faz parte dos meus "defeitos" que o leite materno me inculcou, e jamais me dobrei às maledicências que o mundo nos prega.

Sempre fui, obviamente, um homem de carne e osso, e às vezes lembro uma frase de Mahatma Gandhi (1869-1948): "Onde não houver escolha senão entre a covardia e a violência, eu aconselharia a violência". Não que praticasse a violência no sentido físico, mas o destemor pelo certo e pela paixão e o amor fazem de cada um de nós a essência pura de um ser humano.

Não passamos um dia sequer sem fazer escolhas, das mais simples às mais complexas. Casar ou não casar? Mudar de emprego ou não? Morar em outro país ou ficar onde está? Deixar o bem-amado e trilhar por novas aventuras amorosas? Enfim, são tantas as encruzilhadas que nos transformamos em uma complexa máquina de pensamentos.

Decidir não é fácil. Nossas escolhas, muitas vezes, dependem ou comprometem outras pessoas. Por isso, é importante que observemos nossa intuição. Ela é mais pura, porque traz em sua essência aquilo que chamo não de premonitor, mas de dom divino, porque vem calcada no mais cristalino sentimento de verdade, imune aos mais sedutores desejos, do mundo plástico das coisas. Essa é a razão da minha fé.

CAPÍTULO 4

RACIONALIDADE INTUITIVA – A FÓRMULA DO SUCESSO NA VIDA

Parece estranho, mas não é, quando falamos em RACIONAL e INTUIÇÃO na mesma vertente. A racionalidade como virtude não se contrapõe à intuição; ela se manifesta, entre outras coisas, pelos impulsos de intuição.

É importante distinguir e entender que a racionalidade intuitiva tem dois aspectos importantes:

1) Como VIRTUDE, torna-se um subproduto do *feeling-intuição*, que é a absorção advinda das percepções dos sentidos e faz com que se possam formar conceitos abstratos, porém, verdadeiros.
2) Como ESTUPIDEZ, que é aquela movida por ganhos imediatos, o que torna as pessoas extremamente vulneráveis a diversos sentimentos antivirtuosos, como exibicionismo, ganância e egoísmo.

Por isso, é importante que você use a intuição na racionalidade positiva, ou seja, como virtude, e não como um contraponto a ela.

Analisar essa distinção é o "xis" do problema. Você deve tornar-se analista de si mesmo antes de tomar decisões. Para mim, essa análise de distinção tem a ver com a concepção kantiana segundo a qual o racional não é mero observador de fenômenos, mas interroga a natureza por meio de princípios.

Vê-se, assim, que a mudança na maneira de pensar kantiana está centrada em um movimento preciso: o de que a razão é guiada por si própria, e não por intermédio do seu objeto de conhecimento. Desse modo, o racional, na relação com o fato, não se porta passivamente, isto é, como mero observador, mas interroga e participa ativamente.

Você deve fazer uma investigação crítica de sua alma, pois a primeira fonte empírica que alimentou sua intuição estará pronta para produzir representações por meio do pensamento, ou produzir conceitos necessários para se conhecer o fato e decidir.

É importante observar que esses dois aspectos não devem ser confundidos: assim como o racional não é receptividade de representações sensíveis, a intuição não produz pensamentos. Daí a famosa frase de Kant: "Pensamentos sem conteúdo são vazios; intuições sem conceitos são cegas".

Por conseguinte, o racional nada pode intuir e os sentidos nada podem pensar. Só a junção dos dois possibilita o conhecimento genuíno para a expressão da construção e formatação dos conceitos.

CAPÍTULO 5

O INTUITIVO FAZ PARTE DO CRIACIONISMO

Não sou um homem religioso, mas de uma profunda fé, e ouso contrariar grandes estudiosos do assunto quando reputo a intuição como originada da Providência Divina.

Fora do campo da Teologia, que estuda a existência de Deus à luz natural da razão, a intuição é a maior prova de sua existência como ser onipresente e infalível. Basta que você analise alguns sentimentos, independentemente da Ciência Teológica, que sensibilizam a natureza humana. Por exemplo, quando praticamos um bem, tornamo-nos imbuídos de uma sensação gratificante de recompensa espiritual; quando praticamos um mal, somos impiedosamente acometidos de um sentimento de remorso.

Diante desse fato real das vibrações da alma, onde Deus e o diabo habitam o mesmo corpo, e manifestá-lo é um arbítrio nosso, só me direciono a uma pergunta: quem incutiu isso na mente humana? Só tenho uma resposta: o Criador.

Pois bem, se você traz tais fatos para o campo racional, temos objetivamente duas situações bem claras: *o bem traz o prazer por meio da gratificação e o mal, a infelicidade por meio do remorso.*

A aplicabilidade do racional virtuoso, advindo da intuição, é extremamente importante para atingirmos a felicidade pura, cristalina, e não a felicidade psicótica, como a de um "criminoso em série". Estamos falando do mundo são, e não de um mundo patológico.

Entendo que a intuição é uma forma de conhecimento superior que está ao alcance de todos, pois se trata do Intelecto Divino na sua ilimitada onipresença. São Tomás de Aquino dizia, referindo-se a Deus: "A sua intuição versa sobre todas as cousas que estão diante dele em sua presencialidade". Por esse caráter, o conhecimento divino distingue-se do humano, que age compondo e dividindo, por meio de atos sucessivos de afirmação e negação. O caráter intuitivo do conhecimento divino contrapõe-se aqui ao discurso do conhecimento humano.

O sentimento criacionista é tão grande no intelecto humano que diversas culturas e povos sem quaisquer intercomunicações entendem que a questão sobre a origem humana advém sempre da fé. Algo que não se sujeita ao falsificacionismo.

Por exemplo, a mitologia grega atribui a origem do homem ao feito dos titãs Epimeteu e Prometeu. Epimeteu teria criado os homens sem vida, imperfeitos e elaborados com um molde de barro. Por compaixão, seu irmão Prometeu teria roubado o fogo do deus Vulcano para dar vida à raça humana. Já a mitologia chinesa atribui a criação da raça humana à solidão da deusa Nu Wa, que, ao perceber sua sombra nas ondas do rio, teria resolvido criar seres à sua semelhança.

O cristianismo adota a *Bíblia* como fonte explicativa para a criação do homem. Segundo a narrativa bíblica, o homem foi concebido depois que Deus criou o céu e a terra. Também feito do barro, o homem teria ganhado existência quando Deus assoprou o fôlego da vida em suas narinas. Outras religiões antigas e contemporâneas formulam diferentes explicações, mas sempre com pontos bastante semelhantes.

Impossível contestar essa fonte intelecta da natureza humana. Fugir disso é misturar Ciência com religião, algo tentado ora por homens de pouca ciência, ora por homens de pouca fé.

A fé, tanto científica quanto teológica, é uma questão de opção. Mergulhar nesse campo é como querer contar as estrelas do universo. Desde as primeiras manifestações mítico-religiosas, o homem busca resposta para essa questão. Nesse âmbito, a teoria criacionista é a que tem maior aceitação, de modo que o intuitivo faz parte da elaboração humana.

CAPÍTULO 6

PRIORIDADES EFETIVAS

Eleger prioridades é um dos aspectos mais importantes da racionalidade intuitiva. É muito comum no cotidiano observarmos como as pessoas subvertem a ordem das coisas. A sanha por um mundo consumista deixa muita gente cega às verdadeiras prioridades. Esquecem o básico em troca do luxo e do supérfluo e, irremediavelmente, se esborracham lá na frente.

Não quero com isso condenar as maravilhas do mundo moderno e sofisticado, mas é preciso entender que não se constrói um prédio sem um alicerce. Entendo que o cidadão comum possa ter um carro de luxo, um iate ou um avião, mas, antes disso, é preciso que tenha outros valores materiais básicos, como uma casa própria, uma renda equilibrada, uma reserva material, enfim, qualquer coisa que possa tranquilizá-lo antes de desfrutar bens extremamente sofisticados. Caso contrário, o exibicionismo, por si só, não traz felicidade. É como construir uma linda lareira que não vai exalar calor ou ter um belo candelabro que jamais será aceso.

Temos de aprender a amar as coisas que estão próximas, que são sensíveis aos nossos sentidos. O filósofo alemão Friedrich Nietzsche dizia que miserável é o homem que não ama a frugalidade.

Não são as coisas em si que tornam uma pessoa feliz ou infeliz, mas o castelo de areia que essa pessoa faz do mundo real que não a rodeia. Cedo ou tarde, a realidade bate a sua porta de forma inexorável e implacável.

É preciso saber usar o racional intuitivo de maneira virtuosa. Ele lhe oferece longevidade em suas decisões. E quando provocado por sentimentos não virtuosos, é preciso dizer NÃO, para que não amargue o arrependimento daquela decisão momentânea.

É preciso entender também que não existe coerência automática. Aceitar uma coisa porque começou errado não pode prosperar. Quem tem ideia fixa é psicopata.

Em vez de seguir em frente de acordo com comportamentos preliminares, paremos para avaliar o mérito de cada nova ação antes de levá-la adiante. Precisamos mesmo de uma análise rigorosa do nosso comportamento. A única saída para o dilema é saber usar a intuição positiva e, quando esse racional intuitivo for negativo, provavelmente nos levará a coisa ruim.

Não se deixe levar pela Lei de Gérson, ou seja, querer "levar vantagem em tudo". Se os seus sentimentos estão confusos, pense antes de tomar uma decisão.

CAPÍTULO 7

NÃO TER OPINIÃO FORMADA

Não raro, as pessoas não sabem o que decidir e como decidir. É comum ouvir a frase: "Não tenho opinião formada". Isso acontece quando seu córtex cerebral não acumulou qualquer informação sobre o assunto que você quer decidir. Você está carente de dados extrassensoriais que o levem a um conceito abstrato, e daí advenha sua intuição.

Nesse caso, é melhor dar tempo ao tempo, diz o gentil político brasileiro Marco Maciel: "Quando se tem tempo, não se tem pressa". No entanto, é bom distinguir entre procrastinar e refletir – tenho certeza de que esse é o espírito da frase do ilustre parlamentar. O primeiro é adiar com intenção de atrapalhar, enquanto o segundo significa pensar detidamente, é a ação de pensar de modo sereno e profundo.

Hoje em dia, as coisas se alternam e se intercambiam numa complexidade de variáveis inesgotável. As pessoas se veem diante de tantas bifurcações para tomar decisões que desprezar o intuitivo é praticamente impossível. A intuição não substitui a razão, e vice-versa: elas se interligam e interagem.

O racional vem sempre vinculado à análise profunda dos fatos e, quanto mais dados tivermos para a memória rebuscar, mais robusta e precisa é nossa intuição.

Tudo pode abastecer seu depósito intuitivo: uma viagem, um noticiário, um comentário despretensioso. Tudo isso forma algo no inconsciente, que sempre indica os caminhos que devemos trilhar.

Conheço fatos e histórias de pessoas que são exemplos de desenvolvimento pessoal e profissional.

Prestar atenção à intuição é permitir que nossas emoções nos presenteiem com criatividade e inovação.

Como explicar sobre um homem, retirante de uma região pobre e miserável, que decide correr todos os riscos de sobrevivência política, contrariar até mesmo seus novos e antigos companheiros de lutas, desconhecendo a tecnicidade administrativa de uma economia de mais de

2 trilhões de dólares e alcançar a presidência da República de um imenso país como o Brasil?

Quando o filósofo e matemático francês René Descartes morreu, em 1650, foi encontrado em Estocolmo, entre seus papéis, um diálogo incompleto, *La recherche de la vérité* (A busca da verdade), que descreve o modo como Poliandro (ou "todo homem"), uma pessoa sem muita instrução formal, mas dotada de habitual bom senso, "pode, sem que precise recorrer à Filosofia ou à religião", aprender a orientar-se simplesmente por "sua luz natural" interior, de tal modo que lhe seja facultado "penetrar nos segredos das mais recônditas ciências".

Aí, você só pode entender que a inteligência não se mede pela soma de conhecimentos, mas pela capacidade de discernir as coisas. Não adianta ter um enorme cabedal de conhecimentos se você não atende seu intuitivo.

Em um momento da minha vida, administrava uma companhia de gerência de riscos ligada ao mercado segurador, quando chegou a minha sala um mutuário do Plano Nacional da Habitação, solicitando que indenizássemos seu imóvel como segurador. Adiantou-me, na ocasião, que sofrera um acidente automobilístico e tivera de amputar uma das pernas.

Sensibilizado pelo quadro recente daquele pobre homem, dependurado numa das pernas com a muleta, por um momento, senti-me impotente para atendê-lo prontamente.

O caso em questão, de um motorista que atendia pelo nome de José, dependia das normas e rotinas dos seguros do Sistema Financeiro da Habitação (SFH). Só poderíamos autorizar a liberação da hipoteca no agente financeiro após um longo e demorado processo do INSS.

Veio a mim um forte sentimento intuitivo, de que eu, embora contrariando todas as normas e rotinas da companhia sobre a regulação do processo indenizatório, poderia resolver. Bastaria que enviasse uma carta ao agente financeiro determinando a quitação do imóvel. E assim fiz, correndo todos os riscos administrativos.

Não deu outra! Na primeira reunião de diretoria, estava lá o meu caso como insubordinação e desrespeito às normas e rotinas, que determinavam, naquele caso e em todos similares, que a liquidação só poderia ser feita com o laudo do INSS, algo que, comumente, levava até dois anos para expedi-lo.

E a coisa foi posta na mesa, quando o departamento inquiridor me exigiu imperativas explicações. Não tive dúvida. Falei para a seleta plateia de acionistas-diretores: "Não sou médico, mas duvido que nasça outra perna no segurado". A "risadagem" foi geral na reunião. O inquiridor ficou furioso e pediu o pronunciamento da presidência.

O presidente olhou-me bem nos olhos, voltou-se para os demais membros presentes na reunião e disse: "Nesta companhia, só se erra por omissão".

O caso foi encerrado e meu intuitivo fez com que eu ganhasse mais credibilidade na empresa, com certeza, a contragosto do diretor do Departamento de Regulação.

Casos como este e tantos outros demonstram que a capacidade de discernir eleva o potencial do seu conhecimento a níveis inimagináveis.

CAPÍTULO 8

O DESPERTAR DO FEELING

Como descobrir o porquê dos maus sentimentos?

O cotidiano nos enche de atos e informações, como uma usina que produz incessantemente, e para detectar o que realmente nos aflige, é preciso realizar um cuidadoso retrospecto do pretérito imediato.

Acordamos e, sem saber por quê, passamos o dia todo em melancolia e tomados por sentimentos tristonhos e preocupantes. O feeling se manifesta entre um turbilhão de pensamentos e são como morcegos entre aves que voam pela noite adentro. É preciso detectá-lo, mesmo na calada da escuridão, para que não prospere, e precisamos reprimi-lo e vigiá-lo. Caso contrário, pode revelar-se perigoso e camuflar os fluidos positivos que devem ser preservados e cultivados ao nosso redor.

Para alguns, a intuição é filha da ignorância e, por conseguinte, o remédio eficaz para identificar o ponto nevrálgico consiste em instruir-se e cientificar-se das coisas, em lugar de alimentar a suspeita com o silêncio e o refúgio na escuridão.

Isso não os levará a lugar algum. Pelo contrário, só alimentará um temperamento imprevisível, estúpido e irracional. Até concordo que você deva se preservar, mas, entre o silêncio e as trevas da escuridão dos seus pensamentos, é melhor acender uma vela do que se omitir diante delas.

Quantas pessoas estranham este ou aquele comportamento do chefe, do amigo, do pai ou de qualquer outro agente, sem saber por quê? Justamente porque se escondem ou tentam dissimular o que os atormenta na profundeza dos seus pensamentos.

Esse é o mal que deve ser combatido a qualquer custo.

Não significa que você deva se precipitar ou ser extemporâneo, mas, para escapar dessa floresta labiríntica de mal-estar, é necessário espetar o tumor e extrair o pus que o atormenta e machuca. E, quanto mais cedo lancetar tudo aquilo que inspirou sua desconfiança, mais fácil chegará à paz espiritual.

Particularmente, o melhor meio para congelar a melancolia proveniente dos maus pensamentos é, após identificá-los, registrar e definir a estratégia para combatê-los. Onde quer que esteja – no escritório, na rua, em casa – e qualquer que seja a situação – acordar no meio da noite, não conseguir se concentrar –, você deve escrever ou compartilhar suas angústias para cientificar-se da procedência.

Entretanto, é preciso cuidado para não registrar o momento errado nem compartilhar com uma pessoa vil e pérfida, porque, quando um ser humano desse caráter fica ciente de suas angústias, mais dúvidas imporá a sua mente, mais vúlnerável no momento. Frieza e autocontrole são extremamente necessários para tomar decisões nesse instante.

Não obstante, o melhor meio para impedir os maus sentimentos é tomar precauções como se eles tivessem fundamento e dissimulá-los como se fossem falsos, porque assim nos conduziremos de tal forma que, mesmo na hipótese de o mau pressentimento ter fundamento, nosso temor dará lugar a uma estratégia de defesa para combater e extirpar a semente viciada que acabou de brotar.

É como se, em vez de combater o problema, você seguisse ruminando. Isso causa uma angústia imensa. Impõe-se que acenda a luz da racionalidade, que o problema existe, é real e você tem que enfrentá-lo – fugir só faz adiar sua tortura mental. Coloca-o, muitas vezes, à beira da depressão, do malquerer e de deixar de produzir seus sonhos.

Procure amar a vida, com as ferramentas de que você dispõe.

Muitas pessoas reclamam que não são amadas, mas a verdade é que elas se recusaram a amar, deixaram que os sentimentos negativos obstruíssem o colorido da vida.

Quantas pessoas na vida ficam cegas e não enxergam as virtudes do pretenso bem-amado, como se procurassem um príncipe encantado? E príncipe encantado só existe nas fantasias de livros infantis. Entretanto, ele pode estar bem perto de você, mas "sua estupidez não lhe deixa ver", como diz o poeta.

Não se deixe levar pelo exibicionismo de que falamos no início do livro: use a intuição virtuosa, positiva, e ao mesmo tempo seja otimista.

Você talvez não saiba, mas aquela sua amiga, cujo namorado é tão bonito e sarado, muitas vezes, esconde-se em uma personalidade fútil e doentia, o que a condena a uma vida de sofreguidão.

Triste é o homem ou a mulher que não valoriza as coisas simples.

Ninguém é uma ilha autossuficiente. Todos, por mais abastados que sejam, dependem de outros.

Lembro-me de uma foto antiga numa revista que me chamou a atenção. Tratava-se do magnata grego Aristóteles Onassis, sentado em um tapete em posição de ioga, reverenciando um homem à sua frente, elegantemente vestido, numa belíssima mesa de escritório.

Fiquei curioso, por se tratar de Onassis, um dos homens mais poderosos do *jet set* mundial na época, derramando tanta humildade, e logo fui ler a matéria: o tal homem à frente do grego nada mais era do que Jean Paul Getty, proprietário das maiores fontes de extração de petróleo dos Estados Unidos. Onassis dependia dele, como proprietário de 63 navios petroleiros, para movimentar sua frota. Na verdade, Onassis era carreteiro de Getty.

E assim é a vida.

A humildade, por incrível que pareça, é a mais forte arma para o sucesso. Quando falo sucesso, é no mais amplo sentido. É onde repousamos nossa espiritualidade.

Tudo o que trato neste livro está diretamente voltado para nossa realização espiritual.

Não acredito em felicidade sem alma, como não acredito em progresso sem trabalho.

Quando um homem é prepotente e grosseiro, ou acha que é maior que o universo, é, na verdade, estúpido, enquanto o homem culto se torna mais humilde, porque sabe que o universo é maior do que ele.

Nossa alma é como as asas de um pássaro. Com elas, se descobrem os campos e as relvas, a planície e os abismos, os incêndios e as grandes inundações. Descer ou revoar até novos campos é opção de cada um. Viver sem alma é viver sem sentimentos. Nunca a percamos, nunca a desvisualizemos, ou correremos o risco de sermos como uma linda lareira que não possui calor ou uma tocha que não ilumina.

CAPÍTULO 9

AS MULHERES E O SEXTO SENTIDO

Dizem que as mulheres são mais intuitivas, que possuem um "sexto sentido", como se diz vulgarmente, mas a verdade é que elas são mais fiéis ao coração do que os homens e, dessa maneira, o intuitivo lhes causa mais efeito subjetivo do que à maioria dos homens.

Não se trata de uma questão extrassensorial da mulher, mas talvez o aspecto biológico de sua fragilidade física diante dos homens, através dos tempos, tenha marcado a cautela como um traço relevante de sua personalidade. A genética também é fonte da intuição.

Independentemente dessas concepções, é certo que existem dados científicos que atestam as diferenças entre o cérebro masculino e o feminino, desde o desenvolvimento fetal até a fase adulta. A mulher tem em seu cérebro mais pontos de transmissão entre seus dois hemisférios.

O neurocientista Martin Portner afirma que o cérebro feminino contém mais sinapses no corpo caloso (parte do cérebro que conecta os hemisférios direito e esquerdo) do que o masculino. Como o lado direito do cérebro é responsável pela criatividade e trabalha com uma linguagem mais subliminar, imagine essa força conectada com o lado esquerdo do cérebro, que é mais analítico.

Isso dá à mulher outra conexão e a põe em "outra dimensão", que acessa uma linguagem não verbal, não racional e não física. É uma percepção que capta a essência de um evento entre duas pessoas.

Uma amiga me dizia que havia percebido quando seu namorado a traiu: "Certa vez, notei seu rosto corado, seu sorriso fácil, mais leve e todo amanteigado diante da presença de outra mulher. Isso fez com que cada pequeno detalhe daquele seu comportamento fosse detectado como por um radar instintivo. Não me deixou dúvida de que algo acontecera entre ele e aquela mulher. Eu não sabia explicar, mas sentia". E como em todo homem predomina o hemisfério analítico do seu cérebro, ele não resistiu à menor pressão e confessou seus deslizes.

Aí, mais uma vez, comprovamos que o sexto sentido feminino, com sua capacidade de decodificar o clima emocional de um ambiente, é mais aguçado que o do homem.

O psiquiatra suíço Carl Jung comparou a intuição a uma bússola, uma função da psique que desvenda possibilidades. Envolve a comunicação dos dois hemisférios do cérebro: o esquerdo, que é racional e armazena dados concretos, como números, palavras e regras; e o direito, responsável pela linguagem não verbal, como símbolos, imagens e sensações. Relacionar o que vem de um e de outro é intuir. As mulheres, por sua vez, estão mais ligadas à sensibilidade, receptividade, compreensão e subjetividade. São mais emocionais do que racionais e, consequentemente, mais sensíveis a essa comunicação hemisférica. Na prática, elas leem e interpretam os gestos e sinais corporais, observando com mais interesse e cuidado as reações humanas, percebendo, na verdade, os pequenos detalhes que os envolvem. Daí, formam seus conceitos subjetivos e não há no mundo quem lhes tire da cabeça seus preconceitos e diferenças.

CAPÍTULO 10

AS MULHERES INTELIGENTES "OUVEM" A INTUIÇÃO

O escritor Mario Puzo, em *O poderoso chefão*, narra o drama de Kay depois que sua cunhada Connie, em uma crise incontida de histeria, acusou ser Michael Corleone responsável por todas as mortes estampadas nos jornais de Nova York na guerra dos mafiosos, inclusive de Carlo Rizzi, marido da Connie e cunhado do próprio Michael. Os motivos que levaram àqueles assassinatos envolviam traições imperdoáveis, como a cumplicidade de Carlo na morte do Sonny, irmão de Michael e Connie, na trama criada por Puzo.

O pressentimento de Kay sobre aquela matança certamente tinha nome e endereço. No entanto, seu intuitivo preferiu freá-la diante de uma ruptura com seu marido, porque – quem sabe! – Michael entendia que a traição não pode ser perdoada. Michael poderia até perdoar-lhes, mas as pessoas nunca perdoam a si mesmas e, assim, seriam sempre perigosas.

O intuitivo detecta o pressentimento e o remete para suas mentes emocional e analítica, mas ele, o intuitivo, não recomenda uma decisão errada.

As mulheres ou os homens imaturos, quando impulsionados pelo "orgulho cultural", esquecem o melhor para si e caem numa cilada emocional, que só leva ao banzo, à violência e à depressão.

As convicções de Kay, repousadas em seu pressentimento, eram verdadeiras, mas seu intuitivo a conduziu para outra atitude – mesmo pensando diferente, preferiu que Michael lhe mentisse.

E Puzo prosseguiu o livro com o seguinte diálogo:

"Kay ainda estava chocada, sentia-se horrorizada. Perguntou ao marido:

– Que foi que fez Connie dizer todas aquelas coisas?

Michael deu de ombros e respondeu:

– Ela está histérica.

Kay olhou dentro dos olhos dele.

– Michael, não é verdade, por favor, diga que não é verdade!

Michael balançou a cabeça com um ar cansativo,

– Claro que não é verdade."

Era tudo o que Kay queria ouvir, perdoar-lhe subjetivamente e, mais tarde, com um desejo profundo e realmente espontâneo, foi à igreja e fez as necessárias orações pela alma de Michael Corleone.

Os erros, quando eivados de proteção, amor e emoções, e despidos de mau-caratismo, sempre serão uma constante na vida dos homens e das mulheres. Daí para um sentimento de deslealdade há uma grande distância.

Entre a deslealdade e a infidelidade, há uma diferença como entre a água e o vinho. A deslealdade traz no âmago o que é mais perverso na mente humana, enquanto a infidelidade habita a superficialidade da calota comportamental do ser humano. Ambos são reprováveis – a diferença é que o primeiro nos parece fazer parte da gênese e é dificilmente recuperável; o segundo é tratável e redirecionado, conforme as etapas da vida, do conhecimento e da cultura.

Pressentimentos existem, e são reais e mais sensitivos às mulheres, conforme tudo o que falamos em capítulo anterior sobre o sexto sentido, mas saber depurá-lo e irrelevá-lo para ouvir melhor seu intuitivo constitui, na verdade, o ponto de equilíbrio que só as mulheres e os homens despojados de mesquinhez, e dotados de amor e carinho, possuem.

CAPÍTULO 11

INTUIÇÃO NÃO É PREMONIÇÃO

A intuição analisa os fatos, após o processo eletroquímico no cérebro, e o aconselha. Já a premonição antevê os fatos sem aconselhamentos, diretriz ou juízo aparente. Os premonitores acham que é um dom espiritual ou divino. No entanto, tais situações de premonição não passam de um exercício de observação.

Se você pressentir que uma pessoa sofrerá um acidente na esquina da rua onde mora, isso poderia indicar que você já observou a velocidade com que os carros trafegam por ali. Assim, haverá maior probabilidade de um acidente ocorrer naquele local.

Quando o banco de investimentos Lehman Brothers quebrou nos Estados Unidos, em 2008, seus efeitos espalharam-se rapidamente por todo o mundo. Nessa época, conheci um empresário em Londres, que vou chamar de George. Alguns anos antes, ele havia feito um negócio na Europa e emitido um cheque contra o Banco X a favor de uma empresa italiana, para comprar algumas ações que lhe pareceram extremamente atraentes. Era uma operação equivalente a meio milhão de euros, mas, para seu descontentamento, o banco fez tantas exigências para a transferência desse valor que ele precisou ir para a Suíça para resolver o problema pessoalmente. Tudo acabou sendo solucionado: o banqueiro convidou-o para jantar, pediu-lhe desculpas pela burocracia e garantiu-lhe que isso jamais voltaria a acontecer.

Passaram-se alguns anos e, quando estourou a crise financeira global de 2008, George não tinha mais quase nada naquela instituição. Antes disso, ele havia sacado seus investimentos progressivamente, até restar um saldo mínimo. Foi então que o banco informou que ele não poderia resgatar o valor restante, devido ao fato de o Lehman Brothers ter falido e afetado todos os fundos de investimentos escolhidos como administradores da sua conta.

A verdade é que, lá no córtex inconsciente do seu cérebro, George havia rememorado o antigo problema com o cheque de meio milhão de euros, que tanto transtorno havia lhe causado. Foi aí que ele agiu inconscientemente, esvaziando pouco a pouco sua conta, até quase zerar o saldo. Com isso, conseguiu escapar de um problema real que atingiu muita gente: bancos picaretas aproveitaram a repentina queda das bolsas e surrupiaram o depósito de centenas de investidores estrangeiros, embolsando o dinheiro. Conheci amigos que tinham conta nesses bancos e perderam fortunas. Hoje, não é mais simples intuição: é certeza que a Suíça está povoada de bancos picaretas que, muitas vezes, entendem que seus correntistas têm dinheiro frio e dificilmente procurarão a Justiça para reclamar se houver grandes perdas.

Depositar dinheiro em um pequeno banco suíço é tão perigoso como mamar no peito de uma onça dormindo. O intuitivo de George, após o problema com o cheque de meio milhão de euros, sinalizou que aquele banco poderia lhe causar prejuízo no futuro. Não foi nada premonitório, muito menos um golpe de sorte. Foi a força de sua intuição, que não apareceu do acaso.

Ninguém tem o dom divino ou espiritual de prever o futuro, sem elementos da mente analítica que o conduzam às suas convicções. Os economistas se abastecem de conceitos analíticos, orientam-nos sobre a melhor maneira de aplicar nossos investimentos. Todavia, tais conceitos são fotográficos diante da volatilidade dos mercados: fixam apenas o momento e, em geral, nos enganam com números, que nunca são estáticos.

Quando acertamos os esotéricos dizem que foi graças à premonição, mas o fato é que, quando os conceitos analíticos sobrevivem às variações do mercado de capitais, posso garantir que o sucesso decorreu da estabilidade de um processo econômico duradouro. Quanto mais você se assessorar de competentes conselheiros econômicos, maiores serão as chances de acerto, embora nunca envelopadas da certeza absoluta.

A premonição somente existirá na cabeça dos clarividentes. O resto é exercício de observação, análises científicas e, quando muito, um eventual processo de coincidência.

O sistema ortodoxo das companhias de seguros em todo o mundo não aceita o evento como casualidade dentro da sua macroeconomia atuarial. Chamam de *a lei dos grandes números.* Por exemplo, se uma cidade imaginária possui cem casas e, na última década, apenas três casas por ano, no máximo, sofreram incêndios, é de se entender, estatisticamente, que o prêmio do seguro jamais poderá ser inferior a 3%, ou aquela apólice de seguros se tornará deficitária.

Se à medicina faltam meios tecnológicos para identificar certas enfermidades em cada cinco pessoas de um grupo de dez mil doentes, há de se entender que cerca de 50 pessoas, a cada ano, entre os cem mil peregrinos que visitam Aparecida do Norte ou Juazeiro do Norte em busca de cura divina, teriam suas preces alcançadas independentemente do santo protetor, do padre ou do bispo evangélico que proferiu suas orações.

Esse é um raciocínio científico e estatístico, que o mundo profissional aceita como verdadeiro e insofismável.

Incidências de curas "paranormais", nos séculos passados, eram bem maiores porque determinadas doenças se desvaneciam pelas defesas do próprio organismo humano e, naquela época, anterior à descoberta da penicilina, eram atribuídas ao esoterismo religioso.

Esses dados estatísticos também formam pressentimentos, que a mente analítica nos fornece para a prática de nossa conduta. Ela é cética e cartesiana, e o racional materialismo nos guia sem qualquer sentimento intuitivo, muito menos premonitório.

CAPÍTULO 12

HÁ INCOERÊNCIA ENTRE RAZÃO E INTUIÇÃO?

Certa vez, numa rede social digital, Pedro de Lacerda, um estudioso dos assuntos da alma me interpelava sobre o intuitivo e me questionava sobre o que deveria prevalecer em uma tomada de decisão, que caminha em sentido oposto aos números e às estatísticas.

Respondi a ele que, se essas coisas acontecem e não bastam a seu intuitivo, significa que as informações não foram suficientes para firmar uma convicção. Nesses casos, o importante é obter o máximo de informações sobre aquela situação antes de fazer a escolha. Não acho que a razão e a intuição sejam mecanismos separados, uma vez que ninguém toma decisão contra a própria vontade. Muitas decisões são árduas, mas é preciso coragem para mantê-las conforme seu intuitivo.

Essa correlação dos dois hemisférios, de que falamos em capítulo anterior, irriga o intuitivo e o faz verdadeiro. Enquanto o intuitivo é puro, o racional, muitas vezes, se deixa levar apenas por um hemisfério, pelo imediatismo dos fatos, e certamente propicia riscos incalculáveis que seu coração não aprova.

No campo dos negócios ou do cotidiano, quando as pesquisas e os dados técnicos e jurídicos apontam uma direção e você não está convencido disso, insisto em dizer que as informações não foram suficientes. É preciso mais dados, mais estudos, mais cuidado na avaliação, até seu completo convencimento. Só então haverá uma decisão a tomar. É quando o intuitivo se confunde com a razão.

CAPÍTULO 13

A INTELIGÊNCIA NÃO SE MEDE PELA SOMA DE CONHECIMENTOS

O fato de alguém dominar determinada área do conhecimento humano não basta para essa ou aquela pessoa tornar-se vitoriosa na vida. O QI não explica bem os diferentes destinos de pessoas que tiveram a mesma oportunidade na vida, mas trilharam caminhos diferentes, com resultados muitas vezes inversos aos previstos em seus elevados níveis de inteligência.

Uma pesquisa da Universidade Harvard na década de 1940, com 95 alunos de elevados QIs, mostrou que nada de significativo os distinguiu de outros alunos da mesma turma, detentores de índices mais baixos no futuro, em termos salariais, capacidade produtiva ou status profissional. Esses alunos não estavam especialmente mais satisfeitos com a vida, nem mais felizes em seus relacionamentos com amigos, com a família ou em suas relações amorosas.

Muitos cursos de MBA são profundamente analíticos e trabalham basicamente com dados cartesianos. A mente analítica nos permite processar, avaliar e resolver problemas. Ainda assim, significa apenas 50% da estrutura que a natureza nos proporcionou com a finalidade de podermos pensar, criar, julgar, decidir e solucionar problemas.

O domínio de uma tecnicidade, em si, não significa sucesso no mundo empresarial. Não é uma questão imprescindível para o crescimento, que pode ou não ocorrer. Entretanto, os outros 50% de nossa mente terão de ser ouvidos, pois na sua correlação formaremos, quiçá, nosso melhor destino.

Lembro-me de que no Colégio Marista, onde estudei grande parte da minha vida na adolescência, tinha admiração por um colega chamado Alonso, detentor das melhores notas da classe, além de ter-se tornado uma referência para os irmãos maristas como um exemplo de capacidade e inteligência.

Passaram-se os anos e, já na fase adulta de minha vida profissional, encontrei Alonso casualmente dirigindo um táxi pelas ruas do Recife. Mesmo assim, não observei nele nenhum sentimento de revolta ou infelicidade.

As suas escolhas na vida foram decorrentes dos caminhos que resolveu trilhar, diante de tantas bifurcações que o destino nos reserva. Estamos sempre diante delas, seja no trabalho, seja nas pessoas e nas coisas, e assim caminha a humanidade.

O direito de escolher cabe somente a você. Intuir nesse momento é um ato tão pessoal como usar as roupas que veste.

Como todo mundo, também tive uma vida de opções, umas boas e outras nem tanto, mas seguir o que o coração me mandou sempre foi uma marca na minha vida. Erros foram cometidos, mas sempre porque agi. Se os atos fossem acertados, creditava à minha intuição, mas jamais poderia ter certeza se não os tentasse, uma vez que os indicativos orgânicos, combinados com o intuitivo, inibiam sentimentos negativistas. Essa configuração dá ao corpo um total relaxamento, assim como disposição e entusiasmo para alcançar qualquer objetivo.

Quando jovem, iniciando minha carreira profissional, fui forçado por meus intuitos a contrariar meu pai, que insistia que eu caminhasse como advogado por uma empresa pública criada pelo governo militar para desenvolver a agroindústria canavieira do Nordeste, o Geran, da qual, apoiado no seu prestígio, tornei-me funcionário. Contudo, para o desespero de meu pai, um dia lhe comuniquei que havia pedido demissão para trabalhar no mercado segurador privado. Ele quase me deserda.

Quem sabe, talvez eu tivesse sido um brilhante advogado, mas o pior da história é que aquela autarquia foi extinta ainda no governo militar, dispensando, por consequência, todos os seus funcionários. Escapei por um triz desse primeiro episódio de minha vida profissional que o destino me reservou.

CAPÍTULO 14

A INTUIÇÃO À LUZ DA CIÊNCIA

A Neurociência é o estudo científico do sistema nervoso. Muitos estudiosos já a tratam como um ramo específico da Biologia, e na verdade o é. Dado que nossos impulsos, invariavelmente, são estimulados por fatores biológicos, o que trato aqui não são as causas científicas motivadoras do comportamento humano, mas a forma como reagimos diante de fatos e sensações.

O que procuramos entender e transmitir nas nossas conclusões é a causa primeira de reagirmos dessa ou daquela maneira. Quais elementos invisíveis da Ciência se armazenam em nosso cérebro para influenciar os caminhos que iremos percorrer?

Algumas correntes afirmam que, ao longo da evolução humana, situações desse ou daquele tipo foram se repetindo. Isso evidencia a importância do repertório emocional utilizado por cada um de nós para garantir a sobrevivência da nossa espécie e que ficava gravado no sistema nervoso humano, como inclinações inatas e automáticas do coração. Essas situações ficaram gravadas em nossa mente porque durante um longo e crucial período da pré-história humana, eram decisivas para a sobrevivência ou a morte, como afirma o psicólogo americano Daniel Goleman. É como se essas reações se tornassem incrustadas por meio de uma progênie que passasse adiante essas predisposições genéticas.

Para melhor ou pior, a forma como avaliamos as situações complicadas com que nos deparamos e nossas respostas a elas são moldadas não apenas por nossos julgamentos racionais ou por nossa história pessoal, mas também por nosso passado ancestral. Vemos, então, que não só experiências empíricas – como dizem alguns pensadores e estudiosos, como Shopenhauer e tantos outros – decorrem da história do instinto humano.

O importante é saber que estamos sempre ligados a algo que não vem do além, tampouco podemos reduzir a Neurociência à clínica e à anatomia psicológica. Há algo mais além do reino dos homens, que os mecanismos "cibernéticos" do corpo e da alma tendem a captar.

Por isso, entendo que as palavras, a música e o cheiro também soam como uma imagem que deu vazão a um fato qualquer, o qual no campo racional está imperceptível.

Um recente estudo, publicado pela revista *Nature Neuroscience*, concluiu que o córtex visual primário é a porta do cérebro que possibilita o exercício da memória visual, um tipo de memória que nos permite lembrar uma imagem que já desapareceu do alcance dos sentidos. Isso é muito comum. Por exemplo, quando você se depara com situações inusitadas, mas que muitas vezes parecem familiares.

Eu, particularmente, todas as vezes que escuto Édith Piaf ou qualquer outro cantor interpretando *La vie en rose*, tenho a sensação de ter vivido o pós-guerra, feliz e contente, nos cafés de Champs-Élysées. São sensações reais, que imprimem na minha alma uma abominação pelas guerras.

Nada de espiritismo, mas aquilo que falamos antes, algo que está arraigado de imagens virtuais ou não, na genética de um passado.

Essas sensações são reais e devemos atentar para elas. Elas surgem a qualquer momento e, em qualquer circunstância, precisamos deixar de ser preguiçosos mentais para encarar o sopro da alma como uma realidade orgânica e vital, para nossa sobrevivência cotidiana.

CAPÍTULO 15

CONHECER PESSOAS

É importante exercer seu intuitivo quando falar com pessoas, em assuntos de negócios ou pessoais. Não podemos igualar as pessoas, tampouco esperar delas aquilo que não podem dar. Cada uma tem uma maneira própria de agir. Cada ser é peculiar e indivisível, conforme suas crenças, cultura e temperamento.

Imagine você jogando gamão, damas ou outro jogo contra um computador, que, mesmo ganhando amplamente de você, jamais lhe dará uma chance de reverter o resultado da partida.

Sabe por quê? A máquina não é dotada de sentimentos, de compaixão. É como se fosse um ser humano que tivesse só uma parte do cérebro, onde funcionaria apenas a mente analítica, inflexível e implacável. Se fosse uma pessoa, sensível e com todos os hemisférios cerebrais, talvez facilitasse as coisas, dando-lhe oportunidade para uma eventual reação.

Dizem que os grandes tenistas, os *top ten* mundiais, precisam ter a frieza de uma máquina e o talento do seu engenho.

É fundamental que conheçamos as qualidades, as virtudes e os defeitos de nossos opositores, parceiros, mulheres ou amantes, para não ficarmos decepcionados, posto que, infinitas vezes, não haveria razão para decepções. Avaliamos mal, talvez a paixão nos tenha cegado e caímos em um abismo antevisto por todos, menos por nós mesmos. Desse modo, simplesmente, fomos vencidos por uma avaliação tendenciosa, enxergando apenas o que queríamos ver e ignorando os fatos.

Decepção é aquilo que está fora de todas as conjecturas e expectativas. Fora disso, você é um incauto sonhador querendo que as coisas andem como você quer.

Mas a vida, afinal, rege-se como num cosmo onde tudo tem seu lugar. Não se trata de ceticismo, mas a espontânea discussão do livre-arbítrio, em que todos nós somos dotados de discernimento, para melhor utilizarmos nossos impulsos e desejos neste mundo de Deus.

Não podemos mudar as pessoas em sua essência. É uma tarefa extremamente árdua e conflituosa, certamente exclusiva aos profissionais da psique humana, em sua mais alta profundidade. O fracasso e a vitória não são determinados por algum tipo de loteria genética: muitos dos circuitos cerebrais da nossa mente são maleáveis e podem ser trabalhados.

Certa vez, fiz um procedimento cirúrgico (cirurgia refrativa) com meu oftalmologista, um profissional extremamente moderno e avançado, com o objetivo de deixar o uso das lentes. A ideia era tratar uma vista para perto e outra para longe, resolvendo assim duas deficiências visuais, a hipermetropia e a miopia. A principal recomendação do especialista, Dr. Eduardo Martines, foi que eu nunca tapasse um dos olhos para enxergar melhor quando quisesse visualizar um objeto mais perto ou mais longe, uma vez que, no início, com ambos os olhos abertos, minha visão ficaria embaçada.

Dizia ele que, apesar do enorme desconforto visual, eu haveria de me adaptar e, em breve, meu cérebro conectaria as membranas ópticas, descartando o olho para perto quando eu quisesse olhar um objeto distante e utilizando um mecanismo similar com a outra visão quando o objeto estivesse próximo.

Fiz esse exercício de interação das células nervosas da retina, para captar focos diferentes e enviar ao cérebro os estímulos visuais adaptados à nova morfologia cirúrgica, por um período de aproximadamente dois meses. Hoje, graças à perícia científica do cirurgião e à minha disciplina nas recomendações médicas de educar o cérebro com minha insistência, já faz quase dez anos que vejo tão bem de perto como de longe, sem nenhuma distorção focal. Essa experiência não me deixa dúvida de que o cérebro pode, sim, ser trabalhado e disciplinado.

Em sua obra *Inteligência emocional*, Daniel Goleman afirma que temperamento não é destino – algo avalizado pelo ainda incipiente campo da Neurociência afetiva – e que emoções também são reguladas pelo cérebro.

Procure sempre visualizar as pessoas com sua "visão trabalhada", pois o cérebro enviará impulsos eletroquímicos para formar seu juízo. A escolha é sua. Não enxergar os defeitos e distorções é um subterfúgio involuntário, em que certamente você descarta seu intuitivo. Não adianta varrer seus fantasmas para debaixo do tapete. Se isso acontecer, é preciso ter consciência de que um dia eles voltarão como antes. Essa é a questão.

CAPÍTULO 16

A PERDA COMO APRENDIZADO

Você pode aproveitar a reflexão intuitiva para escolher o caminho do dia a dia da forma que melhor aprouver.

Por exemplo: alguém o convida para umas pequenas férias, que demandarão alguns dias. Certamente você deve analisar se o lugar e as companhias de viagem são interessantes, se o tempo é longo demais, ou, caso as coisas não corram como imaginava e você se arrependa, se terá chance de retornar ou interromper o passeio. Em suma, não podemos sair estabanados pela vida, movidos por impulsos e solavancos. A vida, em certos momentos, é extremamente paciente e tranquila para não tomarmos atitudes precipitadas.

Pense, repense. A alegria de viver está ao seu alcance. Você tem o arbítrio para decidir.

Agora, tomada a decisão com base no seu intuitivo, procure ser condescendente, até concessivo, mas não perca a oportunidade de amar as coisas que vão surgir.

É como se perdêssemos para o nosso pressentimento, o que, no entanto, não é o fim do mundo. A vida é um eterno perde e ganha, e temos apenas de atentar para minorar as perdas.

A mente intuitiva registra o tempo todo regras de decisão sobre o que funciona ou não. Com a avidez de um aprendiz, nossa mente intuitiva congrega as lições da vida inteira de modo a nos preparar melhor para a próxima vez que toparmos com um desafio, incerteza ou momento similar.

É preciso ter força para aceitar perder quando não temos alternativa. Usar a perda como um aprendizado é sabedoria – na verdade, é o ganho do amanhã.

CAPÍTULO 17

QUANDO O INTUITIVO CAUSA COMPORTAMENTOS E DECISÕES ERRADAS

Lembro-me de um amigo chamado **Carlos**, um português que, quando jovem, havia servido ao exército em Angola, na época em que Portugal era colonizador das "nossas áfricas", como diziam então os portugueses.

Era um ótimo companheiro de tênis, mas todas as vezes que ouvia o bater da porta de um freezer, como daqueles de tampas, ou qualquer barulho semelhante que lembrasse o som de um morteiro, sua primeira sensação era buscar imediatamente um abrigo. Perdia completo controle sobre a partida de tênis, e sua mente era tomada pelas imagens das lutas luso-africanas, nas quais presenciara muitos de seus companheiros serem mortos ou dilacerados após o barulho ensurdecedor dos disparos dos morteiros.

É comum ouvir de uma jovem que não quer mais saber de namorado e, num momento de raiva, repetir a mesma ladainha: "São todos iguais!". A decepção causada pelo último relacionamento amoroso deixou dentro dela, armazenado no córtex cerebral, um dano sentimental tão grande que lhe causou um efeito semelhante ao de um morteiro disparado nos campos de batalha de Angola. Daqui para frente, para se proteger, somente um remédio pode acalentá-la: manter distância desses riscos.

Mas esse não é o remédio. Você não pode deixar que acontecimentos negativos se instalem em sua mente e se tornem algo psicótico. Você precisa urgentemente tratar-se com um analista e debelar essas cicatrizes que a vida lhe deu. Não deixe que sentimentos pretéritos tornem-se incrustados como cracas no casco de uma embarcação, dificultando a sua perfeita navegação nos mares da vida.

Nem todo som abafado é de um morteiro, nem todo homem é tão mau como o que você conheceu.

Bola pra frente! A intuição é certa, mas temos de distingui-la da cautela e do imperativo patológico.

CAPÍTULO 18

RELAÇÕES NEGOCIAIS

A todo o momento, estamos negociando, profissionalmente ou nas relações pessoais. O mundo dos negócios parece objetivo e racional, mas não é bem assim. Estamos sempre diante de um impasse. Ser ou não ser, fazer ou não fazer, reconhecer ou discordar, e assim por diante.

Quando estamos diante de um abismo, a melhor maneira de avançar é dar um passo atrás. A grande sabedoria é distinguir o medo que paralisa da cautela que protege. Você não pode é ter medo: ele o paralisa, transmite-lhe insegurança, torna-o frágil e um péssimo negociador.

Controle seu cérebro, entrelace suas mãos e diga a si mesmo: "Vou conseguir". Chamo isso de instinto da preservação. Não podemos olvidar os impulsos da competição, presente em todos os lugares e em todos os momentos. Sem isso, sem esse enfrentamento, não há evolução, não há vida, sociedade ou economia.

Enxergue sua vida e seu trabalho como uma luta pela sobrevivência, mas não acredite que alguém precisa perder para você ganhar. Não é obrigatório haver destruição. O que você precisa fazer é aumentar suas chances de vencer, tornando-se mais competitivo. Os corações e as mentes não florescerão diante do caos. Dizimar os adversários é reinar num paraíso sem cor, sem cheiro e sem amor.

A intuição não é mais encarada na atualidade como algo místico, esotérico ou religioso. Diversos estudos científicos sobre essa incrível ferramenta de tomada de decisões podem ser encontrados em obras disponíveis em bibliotecas do mundo inteiro. Há dezenas de profissionais das áreas de Psicologia e Neurociência que definem a intuição com uma habilidade do cérebro de processar informações inconscientemente, para em seguida apresentar, de forma sucinta, uma nova percepção da realidade.

Formamos no nosso inconsciente uma opinião abstrata, que nos leva a uma rejeição ou aceitação de determinado fato ou coisa. Sempre fazemos isso involuntariamente – atentar ou não depende de cada ser.

Tilmann Betsch, pesquisador do Departamento de Psicologia da Universidade de Erfurt, na Alemanha, diz que o processo intuitivo se caracteriza pelo ato de pensar sem fazer esforço. Já Eugene Sadler-Smith, professor de comportamento organizacional na Escola de Administração da Universidade de Surrey, na Inglaterra, afirma que várias empresas, nas entrevistas de emprego, já tratam a intuição como uma das características desejáveis nos candidatos.

O importante é que as pessoas que desenvolvem tais habilidades, seus poderes de discernimento e crítica assumem um papel cada vez mais relevante na gestão empresarial.

Algumas empresas procuram estimular seus empregados mediante a aplicação de algumas técnicas, como aguçar a curiosidade dos funcionários em assuntos que despertem seu interesse; ler e conversar com quem pode dar novas dicas; fazer com que a observação intensiva se torne um hábito mais de ouvir do que falar, para tirar conclusões; livrar-se dos preconceitos; prestar atenção aos sonhos, tidos por especialistas como manifestações diretas do nosso inconsciente. E como a intuição nasce e vive no inconsciente, observar os sonhos é uma oportunidade de ver e entender a própria inconsciência e os mecanismos por trás da intuição. É importante também que observemos nosso corpo, pois ele traz sinais sintomáticos de que algo não vai bem, como no caso das doenças psicossomáticas. Não deixe que o processo inflamatório evolua em sua mente. Fique atento.

Quando a luz amarela começa a piscar no inconsciente, é sinal de que algo não caminha bem. É preciso frieza e paciência para lidar com esses impulsos extrassensoriais. Tais impulsos não vêm envelopados de certeza, mas indicam os caminhos: a perseverança, o desejo de acertar e uma profunda reflexão, certamente, o conduzirão no caminho certo.

CAPÍTULO 19

QUANDO A INTUIÇÃO AFETA SEU ORGANISMO

O corpo humano, em seu funcionamento fisiológico, é constantemente bombardeado por hormônios produzidos por suas variadas glândulas.

Um executivo de uma grande empresa do mercado financeiro brasileiro me contou certa vez que costumava participar das reuniões bimensais da companhia. Recebia previamente a pauta dos assuntos que seriam discutidos na reunião e, quando constatavam problemas em sua área gerencial, ele imediatamente fazia uma tomada de consciência para detectar sua origem. Os assuntos geralmente estavam soltos e sem a identificação do autor da denúncia. O curioso é que normalmente a extensão e a profundidade do problema só lhe apareciam por sensações viscerais.

Ao acordar durante a noite sem motivo aparente, esse executivo sentia que se havia iniciado um processo de pensamento inconsciente de sua mente. Ele então percebia que o problema existia e, se no dia seguinte sentisse aquele enjôo peculiar relacionado a noite mal dormida, podia ter certeza de que sua intuição começava a se manifestar.

A primeira coisa que ele fazia era elaborar um sucinto diário e tomar nota de todas as coisas incomuns que passavam pela cabeça, entrando num profundo processo de reflexão, na solitude de seu espírito. A solidão estimulava o pensamento criativo e investigativo que certamente o ajudaria a entrar em contato com a sabedoria mais profunda.

É preciso poder desfrutar um pouco da solidão, um pouco do silêncio, ainda porque, mesmo no barulho do cotidiano, você pode ouvir sua intuição.

E aquele executivo, convencido da gravidade do assunto, passava a preparar-se tecnicamente para rebater as acusações que lhe eram feitas nos relatórios gerenciais.

Dificilmente em reunião da diretoria ou do conselho de administração daquela empresa, alguém o pegaria de "calça curta". Ele sempre acreditava em seu tirocínio invulgar e no fato de que a gestão dos negócios da empresa, na parte que lhe competia, sempre fora realizada de forma correta, racional e extremamente cuidadosa.

Todo esse desempenho de vida foi alcançado sem que ele nunca tivesse rejeitado a lógica científica para beneficiar os instintos. Ele soube recorrer a todas as ferramentas e buscar um ponto de equilíbrio diante dos recursos cerebrais para conduzir suas ações. Isso fez com que, após dez longos anos de intenso trabalho, assumisse a vice-presidência da empresa, à frente de muitos outros executivos, preparados nas mais diversas universidades do Brasil e do exterior. Essa conquista profissional, sem dúvida, deveu-se à atenção que sempre dispensara a seu intuitivo.

Experiências viscerais são uma forma muito objetiva e cristalina para você atentar que o problema existe. O investidor bilionário George Soros conta-nos que seu corpo lhe envia sinais de alerta sempre que ele está prestes a tomar decisões possivelmente equivocadas: "Quando percebo o princípio de uma dor aguda, considero como um sinal de que algo está errado com meu portfólio de investimentos. A dor nas costas não me diz exatamente o que está errado, mas me faz procurar imediatamente por algum problema, quando normalmente não faria isso".

A confirmação da existência de uma terceira mente intuitiva mostra que esses sinais aparecem e emanam de nossas entranhas, onde há milhões de células nervosas, e criam um processo associativo inconsciente em uma rede complexa, que é base dessa mente intuitiva.

Alguns estudiosos da psique humana hão de convir que tais sensações não nascem da emoção, muito menos da racionalidade, o que nos leva a crer que as mentes racional/analítica e emocional não são a fonte que desperta essas premonições, mas uma terceira mente, que segrega hormônios causadores de sintomas e leva você a ter reações físicas ou viscerais.

Epicuro, filósofo grego e precursor da doutrina segundo a qual a felicidade está no prazer, dizia algo interessante: "Quando a paixão aparece, aproveite antes que ela se vá".

Dizia meu professor de Ciências, Irmão Henrique, da Congregação Marista, no Colégio São Luiz, que os poetas estavam errados quando tentavam exprimir o amor mais intenso, falando para seu bem-amado "te amo do fundo do meu coração", quando melhor seria se dissesse "te amo do fundo do meu estômago". Entendia ele que o estômago é mais sensitivo do que o coração, quando se trata de reações viscerais.

Quando as relações amorosas no seu inconsciente se conflitam ou se harmonizam de forma muito intensa, os gânglios basais (uma parte primitiva do cérebro, acima da medula espinhal) e a amígdala cerebral ativam os circuitos que correm dos centros límbicos para as vísceras, produzindo instigantes sensações que penetram em novos circuitos, que atingem o trato gastrointestinal e podem causar incríveis dores abdominais.

São sinais que a mente intuitiva proporciona, aguçando um canal de comunicação direta com suas experiências acumuladas, e estas lhe fornecem um veredicto sem palavras, baseado no armazenamento de suas empatias ou nas repulsas gravadas em sua memória inconsciente.

As paixões surgem a cada momento da vida e é importante que saibamos cuidar delas. Como diz o poeta: "Que seja eterno enquanto dure". Pois a paixão nem sempre é duradoura e eterna. São sensações emocionais que sofrem a interferência direta de fatos e comportamentos, que muitas vezes fazem do abutre um cisne, do amor o ódio e da vida um desencanto. Mas nada impede que a vivamos intensamente, sem nunca perdermos o norte e os verdadeiros valores em função de seu fogo ardente.

CAPÍTULO 20

SOCIEDADE PÓS-TRIBAL

Há hoje uma controvérsia muito grande no intelecto humano sobre a maneira de agir no seu pensamento: quer baseado no seu conforto moral, quer uma forma mais pragmática, que leva em conta um universo global, ou ainda no seu campo tribal, como diz o psicólogo Joshua Greene em seu livro *Moral tribes*.

O equívoco dos tribais, ou daqueles que se arvoram como os deuses sociais, é que não buscam lá no córtex pré-frontal ventromedial, como dizem os estudiosos da Neurociência, a essência pura da fé, ou seja, a nossa terceira mente.

Greene faz um comparativo em seu livro citando dois cenários hipotéticos: no primeiro, um trem urbano desgovernado está prestes a atropelar e matar cinco trabalhadores que estão mais adiante nos trilhos – e você tem a opção de mover uma alavanca que desviará a composição para um trilho onde há apenas um trabalhador. A alavanca deve ser acionada? A maioria das pessoas responde que a decisão correta é minimizar os danos, acionar a alavanca e, assim, diminuir o número de mortes de cinco para um. No segundo cenário, não há alavanca. O único modo de parar o trem é empurrar para os trilhos uma pessoa que leva nas costas uma enorme mochila, que vai morrer, mas o choque vai frear o trem. Em sua pesquisa, as pessoas tendem a dizer que seria inadmissível empurrar a pessoa com a mochila.

E aí, felizmente, os estudos neurocientíficos de Greene apontam que as emoções morais funcionam bem. O grande equívoco de Greene é que ele acha que as decisões morais não evoluíram para solucionar problemas que dizem respeito aos outros. Ao mesmo tempo, concluiu em seus estudos que pessoas acidentadas com danos severos nessa área do cérebro não têm reação emocional. Elas usam apenas a razão e dão a mesma resposta nos dois cenários: mate um e salve dois.

É assim que funciona o "populismo político", que sinto que além de carregar uma hipocrisia sem tamanho, carrega também uma profunda ausência da fé. O intuitivo está aí para provar: um inconsciente cerebral com tamanha perfeição somente poderia ser criado por um SER superior, a partir do qual todos nós somos provocados a agir humanamente. Os exemplos, bizarros ou não, são frutos do ardil humano na "escolha de Sofia", que é forçada a escolher um de seus filhos para ser morto, que só servem para mascarar o verdadeiro sentido que todos nós temos no coração, sempre em busca da servidão humana.

Essa, na verdade, é a nossa terceira mente, que é impulsionada não pela cartesiana nem pela emocional, mas por alguma coisa mais profunda, longe de algo matemático ou negocial.

A tentativa de Greene de pautar-se pelo imperativo categórico de Kant e agir por respeito a uma regra universal, de que a moral é a norma que deve tender ao maior número, é convidar-nos a resolver outras indagações e critérios de utilidade, e em que medida se deve levar em conta cada um dos elementos que entram na linha das prioridades.

Na verdade, os diferentes princípios da moral não são contestados por homens que pertencem a meios de cultura diferentes. São interpretados de modos diversos e, de certa forma, transformam-se em regras consuetudinárias, de natureza psicossocial, que podem variar de sociedade para sociedade, de homem para homem, sem que possa ser fornecida nenhuma razão em favor de uma ou das outras, na medida em que essas regras constituem princípios primordiais.

A vida moral se reduz a um conformismo – uma adesão intuitiva ao que foi inculcado em nossa mente: o que nenhuma razão fundamenta, nenhuma razão pode abalar.

CAPÍTULO 21

POLÍTICA

O estudo da evolução do pensamento humano é um ramo da História que se ocupa de um segmento do poder que pode ser definido como Ciência Política, a qual é embasada pelos agentes (militantes partidários, líderes políticos, homens de Estado) e busca definir e escolher as estratégias para atingir o poder.

A luta pelo poder, muitas vezes, é feita com o uso da violência; outras vezes, pelo voto livre e secreto. Ali, pela ação audaciosa de uma minoria; aqui, pela preferência tranquila de uma maioria.

Em alguns casos, por uma atuação contrária à legalidade vigente, mas que, subsequentemente, consegue se impor e perdurar. Em outros, segundo processos regulares, de harmonia, com formas estabelecidas em uma Carta Magna e nas leis, por todos comumente aceitas como legítimas.

Em qualquer dos casos, observamos que essa luta pelo poder ocorre não só por questões lúdicas ou passionais, mas, muitas vezes, também por interesses não muito nobres, ou meramente oportunistas, numa sociedade doente e frágil que facilmente se dobra aos cantos das sereias.

Aí entendo que, diferentemente da história das ideias, é a história do comportamento humano ou a história das mentalidades que modernamente vem sendo trabalhada pelos especialistas e engloba não tanto as ideias enquanto doutrinas ou teorias logicamente formadas pela razão, mas, sobretudo, as mentalidades como formas peculiares de pensar e de sentir, difusamente espalhadas entre os membros de uma comunidade e por ela assimiladas por meio da adesão espontânea e INTUITIVA, não necessariamente racionalizada.

O sentimento intuitivo coletivo de uma sociedade nem sempre está calcado em dados econômicos ou em pesquisas científicas. Ele surge como uma onda oceânica, tão notável como um tsunami. É preciso que os políticos tenham a capacidade de discernir os anseios de um povo para melhor direcionar sua política de poder. Caso contrário, serão tragados por uma onda democrática ou não, dependendo do grau de civilidade da sociedade.

O caso da candidata a presidência do Brasil pelo PSB nas eleições de 2014, Marina Silva, é um desses episódios emblemáticos em que a análise psicossocial das manifestações, que ocorreram espontaneamente nas ruas do país inteiro, levou a sentimentos intuitivos de que era preciso mudar. Antes das eleições, tive a oportunidade de conversar com a então candidata e afirmar para ela que o intuitivo do povo brasileiro já havia eclodido. No entanto, não se poderia errar. Não era momento de sectarismo, mas de junção e união que mais tarde se poderiam corrigir, sem que se tivesse o menor sentido de perfídia, criando musculatura para exercer o melhor desígnio de um povo puro e saudável. Seguir em frente era a ordem do dia, e a avalanche de corações e mentes da maioria dos brasileiros já havia se pronunciado. Marina encerraria no inconsciente de todos como a única opção para mudar.

É quando falamos e sentimos que o intuitivo nos leva a convicções, mas, nem por isso, vem envelopado de certeza. Daí para frente, só os cientistas políticos haverão de explicar o porquê do insucesso da candidatura de Marina. Mas uma coisa ficou cristalina: naquele momento repousava no inconsciente do povo o mais forte sentimento de uma nova forma de tratamento entre governantes e governados.

Para isso, é preciso trabalho e obstinação, posto que o intuitivo não é dogma para o mundo objetivo nem mensagens do além, mas sintomas de que o caminho é por ali. Persegui-lo é a virtude de homens e mulheres determinados.

CAPÍTULO 22

HENRI POINCARÉ

A Ciência explica, enquanto a intuição dá a certeza.

Embora proponhamos sublinhar a intuição como uma arma de defesa do comportamento humano, caminhamos por uma linha menos radical que a do filósofo francês Henri Poincaré, que afirmava que a Matemática não subsistiria ao rigor necessário a sua disciplina se prescindisse dos raciocínios intuitivos e dedutíveis. Poincaré foi um crítico ferrenho do logicismo por acreditar que tal projeto é falho se não recorrermos à capacidade criativa. O desafio de Poincaré era bastante claro: se a Matemática podia ser reduzida à Lógica em sua totalidade, que fosse! Acreditava piamente que a tarefa não podia ser levada a termo, pois os princípios fundamentais da Matemática não são lógicos.

O filósofo francês era categórico em afirmar que o debate começava no momento em que os logicistas alegavam não ter de fazer qualquer apelo à intuição. Contestava ele que a intuição é algo que não se pode prescindir em absoluto, pois "a lógica é estéril, a menos que seja fecundada pela intuição". Poincaré exemplificava que duas quantidades iguais a uma terceira são iguais entre si. Afirmava que a intuição incrustada em sua mente antecede a logicidade, reafirmando que ela é estanque, se não tiver armazenado em sua mente conclusões e experiências pretéritas.

As premissas acima colocadas seriam absorvidas se no seu córtex frontal não tivesse vivido tais situações.

Não que tenha uma mística fundamentalista, mas não posso entender, nos meus estudos das causas primeiras, que nada se sucede sem o dedo do Criador. A Filosofia expurga o absoluto e concordo com ela. Entretanto, o exatismo da Matemática nos deixa pouca brecha para um raciocínio filosófico. Contudo, o infinito de todas as coisas que são inalcançáveis para a mente humana tende a repousar no princípio da Fé, porém, não dogmática, visto que a grande verdade está estampada em nossos olhos e mentes, o milagre da vida.

CAPÍTULO 23

A INTUIÇÃO NA INTELIGÊNCIA EMOCIONAL

A autoconsciência é fundamental para a intuição psicológica. As emoções que fremem abaixo do limiar da consciência têm um poderoso impacto na maneira como percebemos e reagimos. À medida que agitações emocionais pré-conscientes continuam a crescer, irrompem-se no nosso bem-estar sensações desagradáveis.

O intuitivo provoca uma tomada de decisão, uma faculdade que a psicoterapia privilegia, com vistas ao seu fortalecimento. Ou você parte para o ataque e disseca o que o atormenta, ou o corpo mobiliza-se para lutar, não para fugir. Você fica trêmulo, gotas de suor escorrem pela testa, o coração dispara, os músculos faciais travam, deixando-o prostrado e em péssimo estado de espírito. Essas reações biológicas são sinais clarividentes que estimulam nosso intuitivo a temperar a cólera ou, pelo menos, manter uma mente aberta, impedindo que a emoção cresça.

Lembro-me de um dia em que estava atrasado para tomar um voo e pedi ao meu motorista que ficasse ao lado para que eu mesmo dirigisse o carro rapidamente para o aeroporto.

Ao parar no sinal, cometi uma precipitação no sinal verde e cortei alguns carros que estavam à minha frente. Um motorista de uma camionete velha não gostou de minha impaciência e propositadamente bateu na porta do meu carro, que era recém-comprado, praticamente zero quilômetro. Com tamanha agressão deliberada, cheguei a pensar em parar para tomar satisfação. No entanto, tinha uma reunião inadiável em São Paulo e não poderia perder aquele voo.

Então, ao chegar ao aeroporto, vermelho de raiva, pedi só uma coisa ao meu motorista: "Por favor, troque a porta desse carro imediatamente, pois, quando voltar depois de amanhã, não quero mais me lembrar dessa agressão no trânsito de que fui alvo".

Já no avião, procurei abandonar os sentimentos que ficaram do início do dia e mudar de perspectiva e estado de espírito. Assim, a autoconsciência emocional é a base desse aspecto da inteligência emocional: ser capaz de afastar um estado de espírito negativo e começar a acreditar no resultado de uma reunião mais tarde, bastante produtiva. O meu intuitivo pedia uma providência rápida, porque, cada vez que eu visse aquela porta amassada, certamente me remeteria a um mau humor incompreensivo, e isso não era bom para a alma.

O intuitivo avisa e a sabedoria do inconsciente dita a regra, e a paz volta a reinar nos labirintos do nosso cérebro.

CAPÍTULO 24

INSTINTO E INTUIÇÃO

Todos os seres do reino animal somos dotados de cérebros. Algumas espécies os têm maior ou mais pesado do que outras, porém, o que conta para a Biologia calcular a possível inteligência de uma espécie animal é o quociente de encefalizacão (razão entre o tamanho cerebral real e o tamanho esperado em função do corpo).

Uma baleia azul tem um cérebro de sete quilos; um elefante indiano, de seis. Mas nenhum dos animais tem massa cefálica maior que a dos humanos, cujo cérebro pesa em torno de 1,4 quilo. Além disso, há outras variáveis na equação, como a quantidade de neurônios, a extensão do chamado neocórtex, e assim por diante. A diferença biológica é abissal. Todavia, a grande semelhança entre humanos e outras espécies é que ambos têm INSTINTO.

Enquanto o instinto é a parte do ser primitivo que habita dentro de nós e serve como bússola para nossa autopreservação física, ela é desprovida de alma e da MENTE EMOCIONAL. É dentro dessa semelhança animal que precisamos nos policiar.

O domador de um circo, necessariamente, dá comida ao leão domado; faz parte de sua estratégia dominadora para não correr o risco de ser atacado pelo próprio animal. Os leões, quando se sentem velhos e ameaçados pelos próprios filhotes – machos no futuro –, sem força para caçar e passíveis de serem expulsos do seu próprio bando, os devora antes, unicamente pelo instinto de preservação. Os porcos selvagens lutam pelos seus filhotes contra as hienas, até quando se sentem seguros de sua própria sobrevivência. Passado esse desequilíbrio de forças, eles abandonam os filhotes e fogem. Jamais correm risco de sua própria subsistência, em lutar até a morte, porque, na verdade, têm instinto, mas não têm amor, que é inato à alma humana.

Conheci uma madame que tinha um belo cachorrinho maltês. Embora transmitindo com suas determinações ser a "alfa" da casa, um belo dia, perdeu sua empregada por questões de economia. Para sua surpresa, a cadelinha, que sabia o endereço no bairro pobre e vizinho da empregada, fugiu de casa e nunca mais voltou. O instinto daquele animal, que não tinha mente intuitiva sobre sua segurança alimentar, cuidados veterinários etc., preferiu o imediatismo do novo lar pobre, porque tinha o costume de receber a comida sempre servida pela empregada.

Já a INTUIÇÃO é parte do ser superior que habita dentro de nós e que serve como bússola para nosso equilíbrio espiritual, mental e emocional.

Quando temos tristeza, angústia, raiva, ciúme ou pavor, estamos sob o domínio do INSTINTO, e isso é muito perigoso para tomarmos decisões importantes. Entretanto, muitas vezes, saímos de certos embaraços por conta do lado animal. Lembro-me de que, certa vez, estava eu de motocicleta numa madrugada fria e chuvosa do Recife, quando fui atropelado irresponsavelmente por um motorista, possivelmente bêbado, que ainda sacou um revólver, após eu cair no chão e quebrar um dos braços, para que eu pagasse os danos do carro dele. Fiquei tão furioso contra aquele brutamonte insensível e injusto, que, mesmo com apenas um dos braços, investi contra ele e desferi-lhe um tremendo tapa na cara. Ele ficou tão surpreso com minha reação instintiva que retornou a arma para o coldre e fugiu inesperadamente, quando se aproximou de mim um amigo que passava casualmente naquele local e levou-me para o hospital. Agi como um louco. Poderia ter sido fatal; jamais teria aquela estúpida reação se estivesse com a mente serena.

Lembro-me também de um relato do companheiro Aluizio Queiroz Monteiro, que, ao observar no quarto onde dormia no seu engenho de cana-de-açúcar a presença indesejável de um rato, fechou todas as saídas e valeu-se de uma vassoura para matar o animal. O acuado e indefeso ratinho, quando percebeu que não havia qualquer possibilidade de escapar, avançou contra Aluizio, que viu como única maneira de escapar daquela situação desesperadora abrir a porta do quarto e deixar que o rato fugisse.

Outro relato que bem descreve a força do instinto está no filme de ficção *Sob o domínio do medo,* do diretor americano Sam Peckinpah. Agir pelo instinto às vezes funciona, mas nunca devemos fazê-lo, uma vez que nem sempre temos o final feliz do ratinho.

Já quando estamos calmos, tranquilos ou com a mente serena, quando podemos nos alimentar espiritual, mental e emocionalmente da fonte da Perfeição Divina, certamente virão as respostas. É quando se manifesta a MENTE INTUITIVA, de que outras espécies carecem.

O escritor gaúcho Caio Fernando Abreu dizia que a INTUIÇÃO é divina quando sente conexão com os seres do além, que não mentem, e é aquele sentir que nos conduz num caminho acertado.

O comportamento instintivo é fruto de um código genético, que pode explodir a qualquer momento, enquanto a INTUIÇÃO é fruto de um raciocínio que se dá com base nas vivências registradas, ou no nosso inconsciente geneticamente ancestral, que pode ser solicitado quando meditamos serenamente, ou aparece espontaneamente.

Enfim, a mente intuitiva nada tem a ver com o instinto. Este é apenas parte do reino dos corpos físicos, e todos temos: cães, gatos, porcos etc., sem esquecer dos seres humanos. Enquanto INSTINTO, o corpo funciona espontaneamente; a INTUIÇÃO é a alma que funciona espontaneamente.

Como recuperar a paz através da intuição

Todo ser humano, por mais que seja estruturado psique e culturalmente, sempre estará sujeito a fraquezas diante de sua sobrevivência. É o lado imperfeito do cognitivo humano.

Certa vez, estava eu na aula de Matemática do Colégio São Luiz. Cursava o segundo ano do ginasial à época, quando por travessura de adolescente arremessei uma bola de papel em um colega que estava um pouco mais a frente numa das bancas escolares.

O professor, irmão Carlos, equivocadamente repreendeu um colega e amigo chamado Cléo Aragao e o pôs fora da classe sob os protestos do próprio Cléo, alegando sua inocência. Mesmo sabendo quem tinha feito a travessura, ele afirmou na diretoria da escola que desconhecia o autor e, por conta disso, absorveu as admoestações daquele episódio.

Diante de tal fato, passei o resto da manhã na escola me sentindo mal. Tinha apenas doze anos e pouco identificava o porquê das marolas tempestuosas em minha mente.

Ao ver Cléo durante o recreio, senti-me ainda mais embaraçoso e envergonhado por minha omissão. Mas uma força estranha levou-me a secretaria, a falar com o irmão Carlos e a confessar minha culpa daquela indisciplina, de modo que isentasse o Cléo.

O irmão, olhou bem dentro dos meus olhos e falou:

– Tudo bem menino, mas falarei com o irmão da próxima aula e ele lhe dará um espaço para vc fazer uma declaração pública que você foi o autor da indisciplina, depois conversaremos a respeito.

Lembro-me que fui tomado por um sentimento nunca antes experimentado. Era como houvesse uma chance de recuperar-me diante do Juízo Final. Mais tarde, já adulto encontrei em um pensamento de Maquiavel a seguinte frase: "a poucos homens é dado saber retificar os erros que cometem".

E assim se procedeu: ao iniciar a aula de francês, o irmão Henrique interrompeu a aula e comunicou aos alunos que eu tinha uma declaração a fazer. Ruborizado de vergonha, pus-me de pé e aos olhares curiosos de todos os amigos e colegas confessei meu deslize e pedi desculpas a Cléo Aragao.

Ao sentar na minha banca de escola, trocamos olhares embargados de emoção eu e Cléo, e ficamos amigos para sempre, até sua morte na década passada, o que me deixou extremamente triste pela perda prematura de uma criatura tão jovem e correta, como poucos que conheci na vida.

Hoje, depois de estudos feitos sobre o tema deste livro, trago uma reflexão muito cristalina sobre aquele episódio de criança, que estava agindo sob o domínio do instinto. Não havia alma, mas a pura preservação da minha espécie. O instinto age principalmente sob o domínio do medo, esquece o porvir e a paz espiritual, enquanto a intuição funciona como bússola, nos conduzindo na longevidade da paz espiritual.

Meus educadores da época do Colégio São Luiz, tiveram a sabedoria de distinguir a fraqueza momentânea instigada pela sobrevivência, da posterior serenidade que encontrei nas profundezas do meu intuitivo, na busca incessante da luz que ilumina nossa alma.

Perdoaram-me.

CAPÍTULO 25

MORAL E INTUIÇÃO

Era 15 de março de 1990, quando vi e ouvi pela televisão a posse do novo presidente da República, Fernando Collor de Mello, dizendo em alto e bom som que em nosso país "não haveria mais dinheiro anônimo" e que sua nova equipe econômica "saberia como usufruir dos recursos internos para criar uma nova economia".

Dias antes, depois de 20 longos anos de trabalho no mercado segurador, eu havia sido indenizado pela empresa à qual sempre servi com imensurável dedicação e retidão. Recebi, dentro do meu universo, uma enorme quantia indenizatória. Mas me encontrava desempregado, aos 45 anos de idade. Confesso que me veio certo calafrio, diante da preocupação com o futuro. Saberia eu gerir aquela minha pequena fortuna para garantir a educação de três filhos, ainda adolescentes? Conseguiria outro emprego, que me proporcionasse igual segurança, para manter o mesmo padrão de vida? Saberia eu investir as minhas economias em fundos ou imóveis que garantissem o devido retorno?

Na verdade, de um jovem feliz, detentor de uma saudável conta bancária, passei a ser um homem preocupado, depressivo e povoado por um mar de incertezas sobre meu futuro e de minha família. As dúvidas eram tantas que cheguei a conceber os Sistemas de Economias Massificadas, tão bem retratados no livro *Medo à liberdade*, do filósofo alemão Erich Fromm: eu abdicaria da minha liberdade por um Estado comunista, ao qual cederia todas as minhas economias de 20 anos de trabalho incansável, em troca da garantia de educação aos meus filhos e de suas seguranças básicas.

Todavia, naquele pequeno lapso de tempo, do discurso do novo presidente à ação, o intuitivo me fez transformar todo o meu dinheiro brasileiro em moeda estrangeira de maior segurança, imune aos ataques de uma possível inflação ou ao inimaginável que pudesse acontecer. O Brasil ainda permitia às lojas de câmbio fazerem transações sem declarar as origens.

Eu estava perfeitamente legal, dentro das normas vigentes, até que veio o anúncio do estapafúrdio Plano Collor, em março de 1990.

Com o plano, todas as empresas e pessoas físicas do País foram assaltadas pelo Estado, deixando em cada conta, no máximo, 50 mil cruzados novos, e o restante ficaria congelado por 18 meses, recebendo nesse período uma rentabilidade equivalente à inflação mais 6% ao ano. Nem Hitler e Mussolini, quando instalaram o nazismo e o fascismo, respectivamente, foram tão radicais na economia de seus países como Collor foi com o povo brasileiro.

Daí me veio a grande reflexão: estaria eu ilegal em omitir aquela minha pequena fortuna embaixo do colchão? Certamente que sim. Entretanto, estudioso que fui na Faculdade de Direito, sobre os princípios gerais da Ciência do Direito, comecei a entender que direito e moral têm suas concepções dicotômicas ou não: o direito rege o comportamento exterior e a moral enfatiza a intenção; o direito estabelece uma correlação entre os direitos e as obrigações, a moral prescreve deveres que não dão origem a direitos subjetivos; o direito estabelece obrigações sancionadas pelo Poder, a moral escapa das sanções organizadas.

Se partirmos da hipótese de que Deus é o Ser Supremo, cuja vontade é o fundamento de toda a norma moral, não tenho dúvida de que o intuitivo me alertava, pelas entrelinhas do discurso do novo mandatário, que ocorreria, certamente, algo de ruim que poderia me levar à bancarrota, depois de 20 anos de trabalhos ininterruptos.

Na Universidade Católica de Pernambuco, o professor Germano Coelho, da cadeira de Introdução à Ciência do Direito, me ensinou que a norma moral tem sua maior amplitude quando fundamentada em seus princípios de consciência, assim como os legalistas repousam dogmaticamente na norma jurídica, os fundamentalistas nas normas religiosas, e assim por diante. Mas todos estão diante de princípios da Filosofia do Direito, o que me deixou completamente confortável diante do juízo moral.

Mesmo porque tenho meus próprios princípios, tenho questões inarredáveis e inegociáveis. Quem é o Estado para me exigir uma posição diante da "escolha de Sofia"? Independentemente de ser contra ou a favor, muitos são os que negarão que é imoral a instituição da pena de morte para combater a criminalidade; avalizar o Estado para matar ou mandar matar em caso de legítima defesa; encorajar a eutanásia diante de doenças incuráveis e torturantes; criminalizar a pederastia; descriminalizar o aborto fruto do estupro; sacrificar o feto ou a criança nos casos infelizes de gravidez em que há risco de morte do bebê ou da mãe.

Esses poucos exemplos bastam para mostrar que as prescrições jurídicas, que enfatizam o pluralismo das normas e dos valores, e os conflitos a que, em circunstâncias concretas, eles podem levar, não são suficientes para constranger as pessoas que têm sua intuição como dom divino e que precede e alimenta a moral, a fonte subjetiva de seu direito.

Diante da curiosidade do leitor, cabe esclarecer que os recursos financeiros mencionados no início deste capítulo foram aplicados em fundos estrangeiros e repatriados ao País após o impeachment do presidente, que exorbitara no exercício do poder, ocasião em que o Estado legalista se confundiu com o estado moral e intuitivo, para tranquilidade de todos os brasileiros.

CAPÍTULO 26

A FALÊNCIA DO SEXO NÃO É NECESSARIAMENTE A FALÊNCIA DO AMOR

Sensibilidade e intuição não se confundem.

Roubo um texto do livro de Sérgio Bivar intitulado *O último livro:*

"Antes de dormir, discutimos por conta de banalidades. Queixo-me que uma grande quantidade de queijos recorrentemente apodrece na geladeira. Ela diz que é porque não apareço em casa e vivo no consultório, além do que há tempos que não recebemos nossos amigos para conversar e tomar vinho.

Depois, é a vez de ela se queixar dizendo que deveríamos adquirir um cão de estimação para que tivesse com quem conversar. Seguidamente, discutimos a vida de terceiros, em cujos conflitos tomamos parte e projetamos nossas desavenças.

Entre ironias e pretextos, travamos uma guerra subterrânea. Era simbólico, como tudo o que fazemos no intuito de provocar o outro. Operamos sob disfarces, encenamos o tempo todo, vivemos num martírio da imagem. Entendo que, para brigar, não precisamos de motivos, mas de desculpas.

Sob gestos esvaziados, seguimos nos provocando, e o ressentimento, grande mal dessa prática, silenciosamente vai-se enervando, fazendo surgir um abismo entre nós.

Já nos limites da sociabilidade, tentamos nos exorcizar desses males fazendo sexo.

O ato foi quase tedioso, contido, puro alívio individual, sumário até. Pois nos tocávamos sem nos tocar. Dava a ela um defunto meu. Sentia-me um impostor. Tentava projetar-me na experiência...

Deus, como queria que ali houvesse um mínimo de verdade...

No embate dos nossos corpos, ressoava a distância das nossas almas. E as poucas palavras que em seguida trocamos vinham de uma perversa cordialidade, de imagens prontas e sentimentos recondicionados que nunca nos levaram a lugar nenhum. Nada parecia criar-se ali. Tudo apenas se repetia (como odeio me repetir).

> Penso que ela sentia o mesmo. Não poderia ser diferente. Era uma pessoa sensível. No entanto, não conseguíamos furar aquela parede. Havíamos nos habituado àqueles mecanismos de convívio. E, por pior que fosse, era a relação que havíamos construído."

Mesmo diante daquele turbilhão de dúvidas e encontros furtivos, o personagem jamais admitiu que as emoções carnais superassem seu intuitivo. Sua relação estava extremamente desgastada, mas seu íntimo não permitia uma ruptura radical. Procurou na serenidade de seus pensamentos, na solitude de uma viagem de negócios, um novo encontro com seu eu inconsciente, e o autor, em capítulos seguintes, relata um novo reencontro com aquela mulher e companheira de sua vida, em um novo cenário: Paris.

> "Já era noite quando Giovanna chegou. Corri os metrôs e trens vazios no final da semana para buscá-la no aeroporto. Deixamos as malas no hotel e fomos a um pequeno bistrô que conhecíamos, em Saint Germain.
>
> Ela estava verdadeiramente linda e feliz. Pedimos uma sugestão de vinho. O garçom, um senhor de idade, enquanto nos servia, nos reparou com atenção e disse que se recordava de nós. Ele nos havia atendido, quando viemos em nossa lua de mel, vários anos antes.
>
> Sem saber se verdadeiramente nos reconhecia ou estava humoristicamente simpático, procurei confirmação nos olhos de Giovanna, que sorria com a pureza de um júbilo. Pude, naquele instante, reaver a beleza daquela mulher que um dia ousei pedir em casamento.
>
> Sobre a mesa, nossas mãos se tocaram num gesto de confiança. Seus olhos emitiam um brilho desmedido, olhar de quem não se resguarda em segredos.
>
> Reparei as pequenas velas, as flores, que eram naturais, e os detalhes que particularizavam o ambiente, contagiei-me com a risada das pessoas e a intimidade dos casais ao redor.

A melodia piegas, de uma Paris que se tornou clichê romântico, parecia justificar o seu persistente sucesso e exaltar-se sobre os ruídos das bocas e talheres.

O vinho aguçava o espírito. Era como se nós, eu e ela, nos conhecêssemos ali, estranhos novamente, interessados um no outro e com algo ardente para confessar.

Senti que tinha muitas coisas e gostaria de dizê-las, só não sabia por onde começar."

Na verdade, o autor revela que, nem sempre, a falência do sexo é a falência do amor. Ele se renova e se revigora.

Vou mais além do que o romance expõe: amor e sexo são pêndulos, que se alternam durante toda a vida conjugal ou não, até a idade de completa debilidade física – a senilidade, onde só sobrevive o amor.

Acredito mesmo que, para salvar a jovialidade de uma união, durante certo período da vida, tudo é válido: uma Paris em clichê, uma viagem à Tailândia e aos submundos das boates de Bangkok, um vinho de Baco e até mesmo o secreto mundo dos *swingers* têm sua importância. A essência está no que seu coração diz, mesmo que doa em sua própria carne. Esse é o poder inimaginável da intuição.

Ela nos conduz a caminhos jamais vividos, livres de preconceitos, tendências e emoções. Fundamenta-se no livre-arbítrio da visão budista moderna, em que nós temos liberdade para tomar decisões, que nos conduzem à nossa própria felicidade.

CAPÍTULO 27

OS INIMIGOS DA INTUIÇÃO

O psicólogo inglês Eugene Sadler-Smith diz que a intuição tem quatro inimigos:

1. UMA AVALIAÇÃO EMOCIONAL?

- Se for emocional, quais são os indicadores (por exemplo, a intensidade, a duração etc.)?

As emoções fortes, especialmente as negativas, podem embaçar nossa intuição. Muitos de nós sabemos que nos sentimos mal, fora de sintonia com nós mesmos, quando estamos com raiva ou deprimidos, e pode ser porque estamos desconectados da intuição. A raiva e o estado de comoção emocional, podem fazer com que sua intenção possa falhar completamente, entretanto sua intuição funcionará melhor se você for capaz de aceitar conscientemente as emoções negativas e depois desapegar delas, em vez de rumina-las ou reprimi-las.

2. UMA AVALIAÇÃO PRECONCEITUOSA?

- Se for preconceituosa, quem está sendo discriminado e por quê (seria, por exemplo, um preconceito de classe, de gênero, de raça etc.)?

Os esteriótipos até podem dar indicativos, mas longe de sentenciarmos um comportamento.

O médico e jurista Cezare Lombroso nascido em novembro de 1835, sem conhecimento científico, por mera observação, tentou tipificar o criminoso nato por aspectos morfológicos, como um nariz platirrino, um crânio com maior espessura, mandíbulas avantajadas e grandes orelhas. Mas tudo isso foi desmentido cientificamente. Não existe distinção de raças entre os seres humanos. Eventuais deformações genéticas são mínimas e insuficiente para configurar diferenciações sociais.

Quasímodo, personagem criada por Victo Hugo na obra que mais tarde tornou-se conhecida como *O corcunda de Notre-Dame*, apesar de sua péssima aparência física, mostrou-se uma alma terna e um peito sem dureza, que fez com que a bela cigana e dançarina Esmeralda, despida de preconceito, se fez cativar por aquele disforme homem, que mais tarde a salvou de uma execução por acusação de feitiçaria em uma sociedade burguesa e xenofóbica da Paris Medieval.

A intuição de Esmeralda, nunca deixou-se abalar pelo preconceito.

3. UMA AVALIAÇÃO TENDENCIOSA?

- Se for tendenciosa, qual a fonte de sua inclinação (estaria você, por exemplo, enxergando apenas o que quer ver e ignorando os fatos)?

Essa é uma tendência muito comum aos dirigentes esportivos. Se a arbitragem, as crônicas, os adversários não se revestirem como você quer, você abandona por completo seu cognitivo e expressa e age impulsionado pela sua paixão, esquecendo totalmente a serenidade de seu sentimento mais profundo. O intuitivo.

4. UM INJUSTIFICÁVEL "PENSAMENTO DESEJOSO"?

- Se for isso, o que está por trás (seria, por exemplo, a ansiedade, o desejo ou a esperança)?

No início do livro citei a vontade incontrolável de comprar um carro esporte, objeto clássico do desejo, já que as negociações davam fortes sinais que algo estava errado, e nem por isso desisti da compra. Não deu outra, o carro era fruto de uma clonagem criminosa e eu embevecido por aquele objeto de prazer, fiquei cego e obscureci minha intuição.

Tudo isso, queiramos ou não, sintetiza os estereótipos, os cenários, as diferentes culturas e raças que põem em risco nossas avaliações.

A mente intuitiva é holística, como se operasse em banda larga. Como antes, não podemos agir pressionados pelos inimigos da intuição, como definiu Sadler-Smith. No entanto, contrariando o próprio psicólogo inglês, as intuições não podem ser erradas, muito menos dúbias. Em face disso, você tem de esperar o momento exato para tomar a decisão certa, observando rigorosamente o dito popular de que "a pressa é a inimiga da perfeição".

Pois os inimigos da intuição estão sempre à espreita. Um velho amigo, também de nome Luciano, só que Monte, me repassou um ensinamento do seu "velho pai": "Quando tiver vontade de tomar uma atitude ousada, é melhor escrever para si, deixar o rabisco embaixo do travesseiro e, no dia seguinte, relê-lo para ter a certeza se é aquilo que deve mesmo fazer". O tempo se revela muitas vezes o senhor da razão. E sabe por quê? Quando estamos sob o poder da mente emocional, nós nos tornamos tendenciosos e preconceituosos. Devemos agir como um velho marinheiro, segurando-nos no mastro, até que a tempestade se vá. Tomar atitudes precipitadas pode nos tornar vulneráveis aos ventos das tempestades.

CAPÍTULO 28

INSPIRAÇÃO NÃO É INTUIÇÃO

A vida, na mais radical das concepções, é efêmera. E, como tal, repetidas vezes sentimos como se fôssemos passageiros de uma nave espacial por um tempo determinado e desconhecido. O fundamental é que saibamos sentir a plenitude dessa viagem, algumas vezes serenos e convictos de nosso eu, outras vezes sensitivos e motivados pela inspiração.

A inspiração não é exclusiva de artistas e atletas ou de quem quer que seja, mas da capacidade imaginativa de qualquer ser humano.

Dizia Geraldo Vecchione, um amigo do clube de tênis, que sempre que jogava com os amigos depois de assistir pela TV a uma grande partida dos supercampeões dos circuitos internacionais desse esporte, seu desempenho melhorava. Certamente, ele se inspirava em jogadas de algum dos tenistas profissionais.

A inspiração é real, porém passageira e limitada às observações que assimilamos. Não é algo do além, mas adquirimos das pessoas e das coisas e colocamos em prática.

Picasso dizia que a inspiração é real e existe, porém temos de achá-la; é algo ou alguém que inspira, incita a capacidade de criação, como se adquiríssemos no supermercado, enquanto a intuição vem da alma. Por essa razão, os grandes pintores intuitivos libertam-se do domínio da razão e desenvolvem múltiplas inteligências através da expressão criativa.

Outra característica peculiar da inspiração é seu momento limitado de efervescência. É como aquela garota que leu o best-seller *Cinquenta tons de cinza* e viveu aquelas emoções eróticas durante algum tempo, até desvanecer totalmente sua imaginação, pelo esgotamento mental da inspiração.

A palavra inspiração, etimologicamente, vem do latim "inspiratio", ou introduzir. Pela definição do *Dicionário Brasileiro da Língua Portuguesa*, inspirar significa sugerir, insinuar, incutir, insuflar, infundir ou assoprar.

Como se vê, os valores do mundo plástico e espiritual também servem como um paiol explosivo de sugestões, para usarmos a qualquer momento, no curso ou no despontar de uma ação ou gesto. José Baldaia em 23 de fevereiro, no post "Intuição e criatividade – Um 'pas de deux'": "O uso de estímulos visuais ajuda-nos a produzir mais e melhores resultados quando pretendemos criar algo". A nossa capacidade de observação pode-se produzir mais e melhores resultados.

Já o intuitivo armazena-se no cognitivo inconsciente, e é rebuscado toda vez que as mentes analítica e emocional se chocam. O intuitivo é espontâneo, enquanto a inspiração é provocada.

CAPÍTULO 28

INTUIÇÃO NÃO É ESPIRITISMO

Todo ser humano vem dotado de algumas aptidões, talentos, beleza ou virtudes de qualquer ordem, como um exímio jogador de tênis, um talentoso pianista, uma beleza grega adonisante, e assim por diante. Isso é válido também para a saúde e as enfermidades, umas genéticas, outras não. Uns nascem cardíacos, outros com deficiências motoras, visuais etc.

Eu, por exemplo, nasci com uma hipersensibilidade na coluna vertebral. Somando-se o tempo de tratamento e a convivência com dores insuportáveis, creio que isso deva ter consumido uns três anos de minha vida sadia, período em que me submeti a cinco cirurgias vertebrais.

Dentre essas cirurgias, uma foi nada ortodoxa, procedida por um médium, que era encarnado por Dr. Fritz. Não resta dúvida de que, no meu caso, foi uma experiência válida, mas não a desejo ao pior inimigo:

Estava eu lastimando minhas dores e limitações físicas, quando um amigo sugeriu uma visita espiritual à Fundação Adolf Fritz, no Recife. Muni-me de uma ficha de atendimento, obtida por um membro da congregação espírita, e lá fui para uma das sessões de tratamento, no bairro do Espinheiro.

Quando se aproximava o momento de eu ser atendido, o companheiro que me havia sugerido o procedimento preferiu obrigar-me a desistir de uma possível ação que o médium fosse realizar.

Meu amigo Arsênio tem 1,90 metro, é ex-remador do Sport e, diante de mim, magricela e doente, pouco valeram os meus protestos. Dizia ele, ao sairmos da fundação, que temia pela minha saúde e que eu me tornasse, após uma eventual falha no procedimento cirúrgico, um paralítico irreversível.

Seu zelo comigo foi carinhosamente registrado, mas não o suficiente para não "driblá-lo" e voltar sozinho à sessão espírita.

Ao retornar, coincidentemente, minha ficha foi anunciada e me pus à disposição de toda a equipe cirúrgica do ambulatório, quando, de repente, por trás de um biombo, aparece o médium, totalmente encarnado em Dr.

Fritz. Com os olhos avermelhados e uma voz metálica e pouco inteligível, ele me pôs de pé, diante de uma maca, com exatamente seis pinos, como aqueles que se se usavam para encher bolas de futebol no meu tempo de criança.

Naquele momento de transe, ainda pude raciocinar. Será que uma incisão como aquela, sem assepsia e anestesia, não causa a morte toda semana de um paciente, naquela improvisada clínica, e aquele médium nunca foi preso?

Claro que não!, pensava eu.

Então, seja o que Deus quiser. A dor era tanta e o desejo de me curar era de tal ordem que imaginei que minha mente bloqueasse as vias nociceptivas, sem deixar nada chegar ao córtex cerebral, como uma espécie de analgesia geral, e eu não sentisse dor.

Mas, que nada, na sexta perfuração a cru daqueles pinos infernais nas minhas costas, a dor foi tão intensa que alguém me levantou, eu já de joelhos, como Cristo no calvário, serviu-me um café em uma cadeira ao lado e recomendou-me ir para casa e, à noite, me cobrisse com um lençol branco, que receberia a visita do espírito e ficaria são.

Meu ceticismo não me fez ansioso para receber o espírito. Minha mulher, apavorada, quando cheguei em casa com a camisa ensanguentada, correu para uma farmácia, comprou alguns medicamentos, me aplicou alguns anti-inflamatórios e, em seguida, dormi exausto com aquele pesadelo.

No dia seguinte, a história se espalhou, as visitas se sucederam e eu, 48 horas depois, já não tinha qualquer vestígio de dor.

Envergonhado de falar ao meu neurologista e ortopedista sobre aquela cirurgia sem qualquer paradigma convencional, sem qualquer técnica conhecida, ou qualquer outra coisa, trouxe esse segredo durante um ano, até nova crise, quando me operei com o Dr. Carvalho Pinto, em São Paulo, onde, por ironia da vida, no leito hospitalar, vi pela televisão o noticiário sobre o assassinato de Dr. Edson Queiroz, o médico médium que me operara encarnado em Dr. Fritz.

A verdade é que sofri uma intervenção mediúnica, mas jamais senti quaisquer efeitos paranormais durante e após os procedimentos.

O conceito espírita do médium intuitivo, em que o pensamento se dá por meio do espírito do médium, ou melhor, de sua alma, posto que se designa como espírito encarnado, nada tem a ver com os efeitos da mente intuitiva, uma vez que esta, científica e teologicamente, é manifestada por processos eletroquímicos do cérebro e blindados como por uma inteligência superior, fruto dos nossos conhecimentos acumulados e da gênese ancestral evolutiva do homem.

A doutrina espírita tem como Deus o Senhor Supremo do universo, Criador de todas as coisas, e, como tal, é inverossímil creditar aos espíritos o criacionismo dele próprio. Se cada homem é dotado de corpo e alma desencarnada de outros corpos, como poderemos entender o aumento populacional do mundo? Teriam os espíritos o poder da fragmentação e multiplicação para incorporar-se nas novas vidas que surgem a cada dia?

Dizer que o pensamento é o elo entre o homem e o espírito é reduzir o Criador do universo ao estancamento diante da criatura. Mesmo porque Voltaire entende que, por baixo da substância desconhecida, sempre há algo que jamais descobriremos. Pela mesma razão, jamais saberemos por nós mesmos o que é o espírito. É uma palavra que originalmente significa sopro e da qual nos servimos para tentar exprimir, de maneira vaga e grosseira, o que nos dá pensamentos. No entanto, ainda que tivéssemos, por um prodígio que não cabe supor, uma ligeira ideia da substância desse espírito, não teríamos avançado mais; nunca poderíamos adivinhar como essa substância recebe sentimentos e pensamentos. Sabemos que temos um pouco de inteligência, mas como a temos? Esse é o segredo da natureza – ela não o diz a mortal algum.

A Ciência Cognitiva hoje é pacífica no entendimento das funções cerebrais. Como entenderíamos se, por uma obstrução cirúrgica cerebral, um dos hemisférios cerebrais fosse bloqueado? Como ficariam os espíritos, já que, segundo os "kardecistas", o pensamento humano é o elo entre o corpo e o espírito?

Além de confuso, isso é pequeno diante da onisciência e onipresença de Deus. O cérebro humano é, sim, uma substância orgânica e concreta: seus neurônios de diversas ordens se comunicam e se interligam por sinapses, e o intuitivo habita dentro de nós e serve como bússola para nosso equilíbrio espiritual, independentemente de espíritos malignos ou benignos, confirmando, pois, a própria doutrina espiritualista: Deus é o ser superior e nada neste mundo poderá superá-lo. Ele está sempre acima do bem e do mal.

A minha cirurgia, "mediúnica" ou não, foi procedida por um médico formado na Universidade Federal de Pernambuco, usando métodos não convencionais, em um paciente fragilizado pela dor, cujas emoções mascararam o poder intuitivo do perigo, como se estivesse no vigésimo andar de um edifício em chamas e pulasse para escapar do fogo; como se a chance de sobreviver após a queda fosse maior do que enfrentar o incêndio. Uma ação meramente instintiva de sobrevivência.

Sem qualquer base científica, entendo que o procedimento das perfurações que sofri na intersecção de cada vértebra fez com que os pinos perfurantes atingissem todos os discos gelatinosos da coluna vertebral das áreas afetadas, pela incidência tangencial com o nervo ciático, causador das insuportáveis dores. Esse grosseiro procedimento talvez tenha dissipado eventuais hérnias, localizadas naquela região lombar, fazendo com que as dores desaparecessem até novas hérnias surgirem, sem que qualquer outro "espírito" pudesse interferir.

Consultado também, o médico quiroprático americano de origem cubana Dr. Manuel Carril e diretor do Instituto Doral Spine & Wellness Center nos Estados Unidos, me afirmou que muitos dos casos semelhantes ao meu, poderia ter um resultado positivo, devido a distensão psíquica resultante de uma crença inconsciente, produzindo energias químicas fazendo com que os músculos ganhem excepcionais relaxamentos, resultando numa completa ausência de dor e liberdade de movimentos.

CAPÍTULO 29

COMO CHEGAR À TERCEIRA MENTE?

A intuição pelos séculos a fim, tem sentido uma enorme dificuldade de exprimir suas origens, entretanto a Ciência Cognitiva está conseguindo desmistificar a forte presença do esoterismo (dos fenômenos paranormais), mas as vezes inexplicável, do raciocínio inconsciente.

Existe um conjunto crescente de relatos e esforços sólidos das pesquisas que sugerem que a intuição é um aspecto crítico da intenção, é diferente do pensamento, da lógica ou da análise.

Sophy Burnham, autora de *The art of intuition*, diz que a intuição é um saber sem saber.

É POSSÍVEL DESENVOLVER A INTUIÇÃO?

Quando você está confuso para tomada de decisões, é importante que procure entrar em contato com os processos de pensamento inconsciente de sua terceira mente, observando os sinais e as faixas vibratórias altas e baixas, dando sintomas de sensações viscerais que lhe dará a certeza de que algo está certo ou errado.

Isso não significa rejeitar a lógica científica para eclodir os intuitivos. Podemos recorrer a todas essas ferramentas e buscamos uma luz entre elas. E, ao procurar esse ponto de equilíbrio vamos colocar todos nossos recursos cerebrais em ação.

Gustavo Krause ex-governador de Pernambuco, disse certa vez, que Dr. Arraes, referindo-se também a outro ex-governador, sabia administrar o silêncio como poucos ou seja, o experiente político desfrutava de sua solidão, para ouvir a intuição e tomar a decisão acertada.

De acordo com Burnham, as pessoas intuitivas muitas vezes são introvertidas. Mas quer você seja introvertido ou não, reservar algum tempo para ficar sozinho, pode ajudá-lo a praticar o pensamento mais profundo.

Conheci um abnegado no mundo esportivo, que vou chamá-lo de Felipe, cujos desejos como ser humano, alcançou um nível de consciência tal que lhe permitiu ser dono de suas próprias paixões, e não escravo delas. Embora sua paixão, muitas das vezes ingrata, da qual não se conseguia libertar e pelo qual contraria o seu eu mais racional incontáveis vezes, ele usava de refúgios através de viagens solitárias e reflexivas para busca de suas verdades.

Dizia Felipe, que sua meditação chegava mais perto da alma e isso lhe dava uma percepção aguda das diversas situações, tornando-o líder de milhões de torcedores apaixonados em pelo menos seis vezes presidente daquela imensurável nação de aficcionados, mesmo sem nunca buscar aqueles objetivos ardentemente.

Usava apenas, a força do intuitivo.

A intuição lhe põe, mesmo quando você não está diante de uma bifurcação na estrada, tentando decidir para que lado vai, mas ela está presente, lendo a situação e sempre tentando nos conduzir no rumo certo.

Alimentar e fortalecer nossa intuição é o exercício da terceira mente. É viver uma vida em que possamos fazer uso da sabedoria dela, torna-se uma maneira-chave de crescer, no trabalho e na vida.

CONCLUSÕES

Após incessantes pesquisas, não encontrei nos filósofos clássicos, cien tistas cognitivos, psicólogos ou psicanalistas nada que se aproxime do que delimito como a percepção intelectiva de uma terceira mente, exclusiva e independente.

Immanuel Kant entendia que o intuitivo independe da experiência: são juízos analíticos porque a verdade é descoberta pela análise do próprio conceito, sem necessidade de constatação empírica ou pelos sentidos humanos, embora, mais tarde, tenha admitido uma intuição sensível, desde que exercida sobre a observação e a experiência, que somente poderiam ser particulares e momentâneas.

René Decartes procurou exprimir as mentes humanas no "dualismo das substâncias", no qual espírito e corpo são distintos. Mas deixou um vácuo imenso, uma vez que o dualismo metafísico cartesiano não tem como explicar por que uma substância mental finita pode derivar em algo infinito. Entendemos que a mente desvanece por completo quando o corpo falece de suas propriedades orgânicas.

Karl Marx afirmava que só os fundamentos científicos aceitos são a base de todo o universo do comportamento humano. No mundo só prevalecem as evidências da mente analítica. Em sua teoria, não conseguimos compreender por que o mundo, felizmente, é povoado de doações, concessões e amores despretensiosos, uma vez que a mente analítica é insensível e fria como uma máquina.

Sigmund Freud restringiu as funções mentais inconscientes a simples pulsões influenciadas pelo prazer humano. Para ele, a religião devia e podia ser substituída pela Ciência. É, na verdade, uma negação radical ao Criacionismo, no qual negar tal sentimento é renunciar à alma e à "luz".

Neurocientistas de toda ordem comungam que o cérebro humano é, sem dúvida, um órgão incrível. A complexidade organizacional de seus componentes elementares, os neurônios, ainda intriga a comunidade de neurocientistas. Desvendar como as células codificam e decodificam as informações provindas de nossos sentidos, influenciando cada aspecto de nosso comportamento, ainda é um desafio.

Observado tudo isso, não tenho como fugir das verdades vividas no âmago mais profundo da minha alma, de tudo o que vivi, sofri e amei, sem dizer bem alto que a TERCEIRA MENTE é a luz que nos informa entre o céu e o inferno. O paraíso e as trevas estão aqui e agora. O Criador fez sua parte: incutiu no ser humano a mente intuitiva que está sempre vigilante aos caminhos do bem e do mal. A decisão é nossa, o amor traz a gratificação e o mal, o remorso. A decisão fica no livre-arbítrio, onde os afetos são depurados e o logocentrismo também cede a esse revelador lado mágico da vida.

REFERÊNCIAS BIBLIOGRÁFICAS

ABREU, Caio Fernando. Escritor gaúcho. Obras diversas.

ABRIL. *Veja,* edição n. 2.311, de 6 de março de 2013, São Paulo.

ARISTÓTELES. Filósofo grego. Obras diversas.

AVERSI-FERREIRA, Tales Alexandre. Conselho Nacional de Desenvolvimento Científico e Tecnológico (CNPq). Obras diversas.

BACHELARD, Gaston. *A intuição do instante.* Tradução: Antonio de Pádua Danesi. 1ª edição. Coleção Sapientia. São Paulo: Verus, 2007.

BALDAIA, José. "Intuição e criatividade – Um 'pas de deux'". Disponível em: http://www.josebaldaia.com/intuinovare/criatividade/intuicao-e-criatividade-um-pas-de-deux/. Acesso em 21.08.2015.

BERGSON, Henri. *A intuição filosófica.* Tradução, introdução e notas: Maria do Céu Patrão Neves. Lisboa: Colibri, 1994.

BETSCH, Tilmann. Pesquisador do Departamento de Psicologia da Universidade Erfurt. Obras diversas.

BIVAR, Luciano Caldas. *Burocratocia: a invasão invisível.* São Paulo: M. Books, 2006.

BIVAR, Sérgio. *O último livro.*

BOYATZIS, Richard; GOLEMANN, Daniel; e MCKEE, Annie. *O poder da inteligência emocional.* 1ª edição. Rio de Janeiro: Campus, 2002.

BURNHAM, Sophy. *The art of intuition.* Tarcher: Los Angeles, 2011.

CAMPOS, ANTONIO; e MONTEIRO, Luiz Carlos. *Os cronistas de pernambuco.* 1ª edição. Recife: Carpe Diem, 2010.

DAMÁSIO, António Rosa. *O erro de Descartes.* São Paulo: Pan Macmillan, 1995.

ECONOMO, Constantin von. KOSKINAS, G. N. *Atlas of cytoarchitectonics of the adult human cerebral cortex.* Salônica: Triarhou L.C. 2008.

EPICURO. Filósofo grego do período helenístico. Obras diversas.

FROMM, Erich. *Medo à liberdade.* Tradução: Octávio Alves Velho, 14ª edição. Rio de Janeiro: Guanabara Koogan, 1983.

GIGERENZER, Gerd. *O poder da intui*ção. Tradução: Alexandre Rosas. 1ª edição. São Paulo: Best Seller, 2009.

GOLEMAN, Daniel. *Inteligência emocional.* Tradução: Marcos Santarrita. Rio de Janeiro: Objetiva, 1995.

GREENE, Joshua. *Moral tribes.* Nova York: Penguim Press, 2013.

HABIB, Lia. *Acredite! O poder da intuição nos negócios e na vida.* Lisboa: Alegro, 2006.

HOOD, Bruce. *Science of superstition.* Nova York: HarperOne, 2010.

_____. *The domesticated brain.* Louisiana: Pelican, 2014.

HUGO, Victor. O corcunda de Notre Dame. São Paulo: Companhia das Letrinhas, 1998.

JUNG, Carl Gustav. Psiquiatra e psicoterapeuta suíço. Obras diversas.

KAHNEMAN, Daniel. *Rápido e devagar – duas formas de pensar.* Tradução: Cássio de Arantes Leite. Rio de Janeiro: Objetiva, 2012.

KANT, Immanuel. *Crítica da razão pura.* Tradução: Valério Rhoden e Udo Badur Moosburger. Coleção Os Pensadores. São Paulo: Nova Cultural, 2000.

MARITAIN, Jacques. *Elementos da Filosofia II: a ordem dos conceitos, lógica menor.* Tradução: Iza das Neves. 13ª edição. Rio de Janeiro: Agir, 2001.

SPORNS, Olaf. Cientista da Universidade de Indiana. Obras diversas.

OSHO. Intuição: *Conhecer para além da lógica.* Tradução: Elvira Vaz. Lisboa: Pergaminho, 2003.

PERELMAN, Chaim. Ética e Direito. Tradução: Maria Ermentina Galvão G. Pereira. 1ª edição. São Paulo: Martins Fontes, 1996.

POINCARÉ, Henri. *La valeur de Science.* Paris: Ernest Flamarion ÉditEur, 1906.

PORTNER, Martin. Neurologista mestre em Ciências pela Universidade de Oxford. Obras diversas.

PUZO, Mario. O poderoso chefão. Rio de Janeiro: BestBolso.

SADLER-SMITH, Eugene. *A mente intuitiva – o poder do sexto sentido no dia a dia e nos negócios.* Tradução: Andrea Wolffenbutel, 1ª edição, São Paulo: Évora, 2010.

SALGADO, Marco. Doutor em Comunicação da Universidade Federal do Rio de Janeiro. Obras diversas.

SCHOPENHAUER, Arthur. Filósof clássico alemão. Obras diversas.

VERÍSSIMO. Luís Fernando. Escritor brasileiro. Obras diversas.

VOLTAIRE. *O filósofo ignorante.* Tradução: Paulo Neves. São Paulo: L&PM Editores, 2013.

Impressão e Acabamento
arvato
BERTELSMANN
Arvato do Brasil Gráfica